如何阅读笛卡尔
How to Read Descartes

［英］约翰·科廷汉（John Cottingham）　著

王寅军　译

重庆大学出版社

约翰·科廷汉是瑞丁大学哲学教授，也是《笛卡尔哲学著作》（*The Philosophical Writings of Descartes*）标准英文版的合编者和译者。他著述颇丰，涉及近代哲学的著作包括《笛卡尔》（*Descartes*）、《理性主义者》（*The Rationalists*）、《哲学与良好生活》（*Philosophy and the Good Life*）以及《剑桥笛卡尔指南》（*Cambridge Companion to Descartes*）。

目　录

丛书编者寄语

我如何阅读
"如何阅读"丛书?

本丛书基于一个非常简单却又新颖的创意。初学者进入伟大思想家和著作家的大多数指南，所提供的要么是其生平传略，要么是其主要著作概要，甚或两者兼具。与之相反，"如何阅读"丛书则在某位专家指导下，让读者直接面对伟大思想家和著作家的著述。其出发点是：为了接近某位著作家的著述之究竟，您必须接近他们实际使用的话语，并学会如何读懂这些话语。

本丛书中的每本书，某种程度上都堪称一个经典阅读的大师班。每位作者都择录十则左右著作家原作，详加考察以揭示其核心理念，从而开启通向整体思想世界的大门。有时候，这些择录按年代顺序编排，以便了解思想家与时俱进的思想演变，有时候则不如此安排。丛书不仅是某位思想家最著名文段的汇编、"精华录"，还提供了一系列线索或关键，能够使读者进而举一反三有自己的发现。除文本和解读，每本书还提供了一个简明生平年表和进阶阅读建议，以及网络资源等等内容。"如何阅读"丛书并不声称，会告诉您关于这些思想家，如弗洛伊德、尼采和达尔文，甚或莎士比亚和萨德，您所需要知道的一切，但它们的确为进一步探索提供了最好的出发点。

正是这些人塑造了我们的智识、文化、宗教、政治和科学景观，本丛书与坊间可见的这些思想家著作的二手改编本不同，"如何阅读"丛书提供了一套耳目一新的与这些思想家的会面。我们希望本丛书将不断给予指导、引发兴趣、激发胆量、鼓舞勇气和带来乐趣。

西蒙·克里切利（Simon Critchley）

于纽约社会研究新学院

缩 写

每章开头引用的笛卡尔著作一律遵循如下缩写规范：

AT（按卷数与页码，例如"V 34"）指代 C. Adam & P. Tannery 编辑的完整版法语—拉丁语版笛卡尔著作，*Œuvres de Descartes*, 12 vols, rev. edn., Paris: Vrin/CNRS, 1964—76；

CSM（按卷数与页码，例如"Ⅱ 45"）指代 J. Cottingham、R. Stoothoff 和 D. Murdoch 英译的 *The Philosophical Writings of Descartes*, vols Ⅰ and Ⅱ. Cambridge: Cambridge University Press, 1985；

CSMK（按页码）指代 The Philosophical Writings of Descartes, vol. Ⅲ，译者同上另加 A. Kenny。Cambridge: Cambridge University Press, 1991。

导　论

p.1　　西方传统里所有伟大的经典哲学家中，几乎没有人像勒内·笛卡尔那样毁誉参半。一方面，他被誉为"现代哲学之父"，他那些广为人知的著作成为无数哲学学子的标准入门读物。另一方面，笛卡尔有关心灵本质、身心关系、知识基础和科学方法论的学说，在今天时常成为哲学家诟病的对象，将其视作众多有害困扰和谬误的源头。本书择取的引文段落旨在表明笛卡尔对后世西方思想的发展产生了何种影响，揭示出为何他的观念在当下会引起如此强烈的敌意，并阐明在笛卡尔有关知识和实在的观点中，有哪些方面仍旧值得今天的人们重视。

　　笛卡尔的思想在17世纪中叶的欧洲知识界横空出世，很快便引起了人们的极大兴趣。他的第一部著作《谈谈方法》（*Discourse on the Method*）于1637年在法国匿名发表，但在不久之后的1641年，他的代表作《第一哲学沉思集》（*Medi-*

tations）就以拉丁语（当时仍是学术界的通用语言）出版，由此博得广泛关注。3 年后，笛卡尔发表了对自己整个哲学体系的详尽且全面的论述（仍是以拉丁语），共分为四个部分。这便是《哲学原理》（*Principles of Philosophy*，拉丁书名为 *Principia philosophiae*）。这本书不仅概括了笛卡尔新思想的形而上学基础，还提出了一套完整的物理学体系，能够解释一系列广泛的现象，从恒星、行星、彗星，到潮汐、磁铁、地震、火焰，还包括其他种种，甚至对制作镜片这类话题也做了详细说明。这是一个完整的科学体系；它的美妙之处在于只用几条简单的数学定理，就能对宇宙中上至天文下至地理的一切纷繁现象给出解释。与其同时代的伟大人物伽利略一样，笛卡尔的思想实际上预示了现代科学的诞生。

p.2

笛卡尔反对前辈哲学家的"经院式"哲学。经院哲学的思想体系由阿奎那在 13 世纪时建立，在中世纪和文艺复兴的大部分时间里占据统治地位，又反过来从亚里士多德哲学（公元前 4 世纪）那里受惠良多。经院哲学对自然世界的说明，在极大程度上依赖于对质的解释。世界由纷繁各异的实体构成，每个实体都具备自身的本质属性或形式：地上的事物因其"重"的属性而向下运动；燃烧的事物依其属性向上运动；诸如此类。哲学家的任务是根据实体的本质定义，将它们划分为不同的自然类（naturalkinds）。

笛卡尔意识到，这类描述不具备任何真实的解释力或预见力。人们需要一种关注量而非质的方法。为了替代经院哲学种类繁多的"实体形式"和"真实属性",笛卡尔将整个宇宙视为由某种单一的、同质的物质构成,并称其为"广延实体"(extendedsubstance,拉丁语为 resextensa);广延实体可再分为微粒,用大小、形状和运动这些具体的数学变量,可以彻底说明其活动。在清晰性和准确性方面,这一做法非常有效。笛卡尔在其《哲学原理》中骄傲地宣称:"在有形的(corporeal)事物中,我辨识不出任何东西,除了几何学家所谓的量之外,亦即适用于每种划分、形状与运动之上的东西。"(见本书第 1 章)笛卡尔英年早逝(1650 年),仅仅数十年后,年轻的荷兰犹太哲学家本尼迪克特·斯宾诺莎便出版了一部热情阐述笛卡尔《哲学原理》的专著;并且,斯宾诺莎不过是众多着迷于"新哲学"——新式的数学化科学观念——的著名思想家中的一位。笛卡尔实际提出的等式和比例,我们以现在的眼光来看是存在缺陷的(17 世纪晚期,艾萨克·牛顿的著作很快便取而代之了),但是他在物理学中使用一般的定量方法,却依旧是人类现代科学世界观的基石之一。

p.3

然而,在笛卡尔用来解释实在的完整数学图式中,有一处关键性的例外,这便是意识(consciousness)。物质是广延的(具有三个维度)、可分的,因而可以作为数学分析的对象;相比之下,心灵在笛卡尔看来则完全不同:心灵不占据空间,只是一种非广延的,因而也不可分的实体。因此,除了遍布着大量统一的、广延的物质实体可以用作物理研究的对象之外，还存在着无限多独立的意识实体——心灵，抑或灵魂。这便在物理学的领域之外，形成了一片无法用科学来解释，并且全然是非物质性的独立区域。以上就是如今以"笛卡尔二元论"（Cartesian dualism，"Cartesian"源自笛卡尔的拉丁名"Cartesius"）之名著称的对实在的区分：心灵与物质是完全不同的两种独立的东西。并且由此可以推出，我们每一个人，作为有意识有思想的存在，都完全不同于身体。正如笛卡尔在《谈谈方法》中所言，"这个'我'——我之为我所依凭的灵魂——完全不同于身体，并且即便身体不复存在，也无损其所是"。

即便很多人在考虑心灵与物质时仍会作如是观，但笛卡尔二元论在哲学上遗留下了众多问题。人类果真是一副非物质的精神神秘地寓居于身体的物理构造中吗（如20世纪英国哲学家吉尔伯特·赖尔尖刻批评的那样，是"机器中的幽灵"）？笛卡尔的后继者斯宾诺莎对其在物理学上的总体规划钦佩不已，却无法接受他对心灵的说明；斯宾诺莎转而关注这一谜题，即一个据信是非物质的实体如何能够与物质的身体产生互动：我们是否会认为，某些纯粹属于精神的"意志行为"，拥有来回挪动一小部分大脑或神经系统的能力？

笛卡尔自己也十分顾及这一事实，即人类，如他所言，是一个"本质上的结合体"（essentialunity），而非仅仅是一个凑合了互斥的身心元素的混合体。"我并非仅仅*寄宿*（lodged）在身体中，如同水手现身船上，而是与身体紧密连

p.4

接，仿佛与之相融合（intermingled）"，笛卡尔在《第一哲学沉思集》中如是写道。他坚持认为，我们的感觉和情感（饥饿、口渴、愤怒、恐惧等）在本质上包含心灵和身体两者，这也标志着我们并不纯然是非物质存在，而是血肉之躯的真实造物。现代哲学做了各种努力，想要解决甚至消解身心关系这一复杂问题；然而尽管笛卡尔的观点在现时代遭遇强烈反对，我们仍然能在后续有关心灵本质的论辩的大致轮廓中，辨识出笛卡尔理论的遗绪。

虽然笛卡尔是现代的先导者之一，但他的大多数与世界观有关的看法，与其中世纪和文艺复兴哲学前辈的观念之间，仍有着千丝万缕的联系。其中一个突出的例子，便是上帝在笛卡尔哲学中的作用。除了上文提到的两类实体（心灵与物质）之外，笛卡尔坚持赋予一种全然独立自存的实体以首要地位，即上帝。作为"创造者和保存者"，上帝在笛卡尔的思想体系中发挥着至关重要的作用，它维系了整个宇宙，令其与永恒的法则保持一致。在笛卡尔看来，新兴数学科学的潜能就建立在永恒不变的上帝法令之上。进一步说，由于在笛卡尔的体系中，物质完全是惰性的，仅仅由其广延的属性来定义，因此如果没有上帝提供动力来促发并维持其运动，宇宙中就不会有位移或运动等。

从人类的角度来说，上帝作为客观知识的担保者，在笛卡尔体系中同样不可或缺。笛卡尔的主要目标之一是为知识和科学设定新的标准；他将先前哲学家所持有的那些往往是暧昧难解、界定不明的概念一扫而空，坚持以"清晰且明确的"观念为基础。笛卡尔用来清除含混与偏见的方法便是他著名的系统性怀疑（methodicaldoubt），这一方法允许我们抛弃一切并非全然确定的信念。怀疑方法的普遍应用首先就揭示出了一种基本的确定性——一个经受住了怀疑冲击的不可否认的真理，这便是：著名的"我思，故我在"（Cogito, ergo sum）。但这仍不过是个人主观意识中孤立且贫乏的内容，除非好问的心灵能够超越自己，达致某种更稳固和持久的东西——创造人类并赋予我们知识力量的不朽存在。因此，对笛卡尔而言，在人类探究者追寻真理的过程中，上帝是一个极其必要的发现对象。

笛卡尔认为，人类心灵虽然是有限的，但从某种意义上说，却是神圣心灵的部分镜像。因此，尽管存在着许多我们这些有限受造物无法知晓的事物，但对笛卡尔的知识体系而言至关重要的是，那些我们*确实*明白无误地认识的事物是真实的。如果上帝允许我们在理智的基本直觉（例如，我们对逻辑和数学基础真理的把握）方面犯错，那么他就成了骗子。在此，我们又一次看到了上帝在笛卡尔这里的重要性：神圣的创造者不仅仅是一个额外选项，或是有关"信仰"的独立条目，与哲学或科学的其余部分没有牵连；正相反，上帝的存在，还有他的仁慈，是我们所能知晓的一切事物的基础。尽管笛卡尔思想在其他方面具有"现代性"，但在这里，我们瞥见他思想的一个侧面，在其世界观和我们自身所处时代的愈加晦暗且愈发世俗的观点之间，划下了一道鸿沟。在许多现代思想家看来，我们人类在本质上可以"依靠自己"，而无须任何担保或是永恒的代理人，来建立知识主张的客观性；的确有很多人会说，组成科学的不过是暂时性的猜想，总是允许对观点进行修正。而对笛卡尔来说，事情远比这稳妥：他所谓的"理想之光"是授予人类心智的神圣赐福，给予我们洞察实在之真实本质的希望。

任何一个像笛卡尔这样信奉完满仁慈的造物主的人，都负有一定的责任来解释，为什么我们会那么经常地误入歧途。因为即使人类被赋予了理性的神圣之光，但不可否认的是，人们也常常堕入谬误之中。自奥古斯丁的时代以降，对道德过失（或说罪）的传统哲学解释认为谬误源于我们自身的自由意志或自主选择。笛卡尔对理智或科学谬误的解释策略与此相似。我们的理智是有限的，但我们的意志是无限的，谬误源自我们对意志的滥用：我们没能将自己的信念严格限定在清晰明了地理解了的事物之内，而是在真理尚不明确的情况下冒冒失失地表达了认同。在此，笛卡尔对自由意志这一反复出现的哲学问题提出了一种有趣的观点。能够进行自由选择是上帝的赐福，但同样也是一道潜在的诅咒，因为当我们靠着不充分的知识行事时，自由选择会让我们误入歧途。笛卡尔暗示我们，真正的自由，亦即最高阶的自由，是某种更受限的事物——即审慎地将自身限定在真理已然完全清晰的领域。而一旦我们真正专注于这些透彻清晰的事项，我们便自然而然地认同了真理："紧随着伟大的理智之光而来的，是一种伟大的意志倾向"。

现在，我们似乎涉及了某种微妙的转换，从有关科学和知识的问题，进入了对道德哲学有所影响的领域（例如自由、选择、过失和罪）。这并非偶然；与如今许多狭隘的学科专业从业者不同，笛卡尔把哲学看作一个统一的体系，涵盖了所有人类竭力探索的领域——不只包括抽象的理论兴趣，还囊括了人类的境况与生活准则。笛卡尔在 1647 年法语版《哲学原理》的前言里写道，哲学的整体就像一棵树，其中，形而上学是树根，物理学是树干，而特定学科，包括医学和道德学，则是树枝。

p.7

对笛卡尔来说，人类的生活在某个方面与动物的生活有着根本上的差别——对理性和语言的运用使得我们与众不同。在如今这个后达尔文主义的世界里，对于人类和其他那些与我们共享地球的动物之间的关联，我们有着充分的认识，而笛卡尔对人类和动物领域的严格区分招致了很多批评。由于笛卡尔将动物视为物质世界的必要组成部分，他便认为动物的行为可以像其他任何"广延物"（extended stuff）那样，通过构成它们的微粒的大小、形状和运动来解释。于是便有观点认为，笛卡尔把动物仅仅视作机器——机械性的自动装置；但我们将会看到，笛卡尔本人的立场比人们通常以为的要微妙得多，他在这方面的思想遗产需要得到谨慎的解读。

　　至于说到人类的良好生活——对此的研究也是笛卡尔的哲学目标之一，笛卡尔从晚年开始专注于控制"激情"（感觉和情感）这一古老问题——我们本性中这些幽暗且往往冥顽不化的部分，有时会使我们的生活偏离正轨，使我们做出不合理的举止。笛卡尔驯化激情的那套办法预示了很多援用科学成果，以期我们能够发展出更好的生活方式，并提高生活质量的现代方法（例如生理学和心理学）。

　　笛卡尔是一个具有两面性的人，他的革命性观念直指现代，同时也常常隐约回溯到他所传承的更早的文化传统。这种矛盾性也是笛卡尔思想的魅力所在。他的想法仍能与我们自己的想法互通：其中有很多在我们看来极富挑战，也有很多被认为仍然富于教益。总而言之，笛卡尔的统一哲学观，结合了理论与实践、科学与道德、人类依赖上帝与人类独自探寻真理的主题——所有这些都令笛卡尔成为最丰富也最值得研究的哲学家之一。正如本书中摘录的那些代表性段落所示，笛卡尔是一位极其明晰的作者，竭力避免使用行话为自己护短，而是直接面向具有"良知"（他宣称这是"世上分布最广的"品质）的普通人言说。作为有史以来最伟大的思想家之一，笛卡尔鼓励我们每个人与他结伴同行，踏上通向知识与认识的迷人道路。我们或许不会把他的每一句话都奉为圭臬，他也不希望我们这么做；但有笛卡尔作为向导，我们必定能够深切理解哲学关心的是什么，以及哲学为何值得我们倾力而为。

p.8

新科学

　　良知（good sense）是这个世上分配得最好的东西：因为每个人都认为自己被赋予了足够的良知，甚至那些在其他事情上最难满足的人，通常也不会渴望超出自己已有的良知。在这方面，不像是所有人都弄错了。它恰恰表明，正确下判断以及甄别真假的能力——这就是我们称为"良知"或"理性"（reason）的东西——在所有人那里是自然地均等的……①

　　那些由简单、容易的推理组成的长串链条——几何学家习惯于使用它来达成最困难的证

① 本书中笛卡尔著作的引文参考了李琍译、徐卫翔校的《笛卡尔主要哲学著作选》（华东师范大学出版社2021年1月版），部分字句酌情做了调整。著作选未收录的引文段落，由译者自行译出。——译者注

明——使得我有机会想象：所有落入人类认识中的东西都以同样的方式相互关联。我以为，只要我绝对不将任何不真的东西当作真的来接受，并且始终坚守从一项推演出另一项所要求的顺序，那就不会有什么东西遥远到最终都够不着，或者隐蔽到不能被发现。我觉得并不难决定从哪些事情开始，因为我已经知道必须从最简单、最容易认识的开始。迄今为止在科学中寻找真理的那些人中间，只有数学家能够发现一些证明，也就是一些确定且明确的推理，反思到这种情况，我觉得无疑应该从他们所考察的那些东西开始。不过，由此我希望获得的唯一好处，只是让我的心灵习惯于以真理来滋养自身，而不是满足于糟糕的推理。但我也没有打算去学习所有那些通常被称为"数学"的特殊学科。因为我看到，尽管它们的对象各不相同，但它们的一致之处在于考察这些对象相互之间所持有的各种关系或比例。于是我就想，最好还是仅仅一般性地检查这些比例，假设它们仅仅持存于那些能帮助我们更容易认识它们的项目之间……

p.10

但是，我也必须承认，自然的能力是如此强大广阔，而这些原则又是如此简单普遍，以至于我几乎不再注意到，任何一种我起初不了解的特殊结果能够以许多不同的方式从那些原则推演而来——而我的最大困难通常就是要去发现，它到底以这些方式中的哪一种方式依赖于这些原则。因为我知道，想发现这一点，没有其他的途径，只能通过寻求进一步的观察，这些观察的结果根据这些方法所提供的关于这些实验的这种或那种解释而各不相同。

《谈谈方法》，1637年

摘录自第一部分、第二部分和第六部分

（AT Ⅵ 1, 19, 64-5；CSM I 111, 120-1, 144）

我在物理学中唯一接受并要求的原则是几何学与纯数学的那些原则；这些原则解释了一切自然现象，且允许我们给出关于它们的十分确凿的论证。我不会在此增加任何关于形状，或关于从无限多样的各种形状所衍生出来的数不尽的各种运动的论述。我假设自己的读者已经对几何学的基本要素有所知晓，或者具备足够的精神禀赋，能够理解数学论证。因为我坦率地承认，在有形的事物中，我辨识不出任何东西，除了几何学家所谓的量①之外，亦即适用于每种划分、形状与运动之上的东西，他们将其作为论证的对象。此外，我对此类事物的思考除了涉及这些划分、形状与运动之外，别无他物；并且即便做了这番考虑，我也只认可那些从不容置疑的公理中推导出的结论为真，其推导过程确凿到可以被视作数学论证。

《哲学原理》（Principia philosophiae，1644）

摘录自第二部分，第64段（AT VIIIA 78-9；CSM/247）

笛卡尔是一个多重面向的思想家。有许多种方式可以进入他的思想体系。开篇这一章关注的是其公开面向：开启他哲学事业的科学与方法论规划，笛卡尔正是凭此在他的时代为人所知。你也可以通过笛卡尔对知识的探索来了解他的思想，这是他更为个性化也更加独特的一面，正如第2章里会讲到的，这一面描绘出了这位思想者遍思从怀疑到确定性的惊人的思想轨迹。然而，无论你是从科学大厦还是其形而上学地基入手，或早或晚都要面对一套统一的哲学体系。

---

① 原书此处误将quantity写作quality，译文根据CSM版《笛卡尔哲学著作》订正，见 *The Philosophical Writings of Descartes*, volume I, Cambridge：Cambridge University Press, 1985, p247。——译者注

在笛卡尔所处的时代，"哲学"是一个无所不包的词，不仅囊括了如今学院哲学家处理的那些题目，还包括所有现在称作自然科学的东西；实际上，笛卡尔可能会把他关于自然现象的解释性理论视为自己最重要的哲学成就之一。他满怀自信地认为自己的专门理论正确无误；不论其中细节如何，他确信自己找到了一种崭新且有明显改进的总体框架或研究方法，可以用于科学探索。上面摘录的段落展现了科学中的新笛卡尔主义方法的关键要素。

笛卡尔 1637 年在法国匿名发表的第一部著作名为"谈谈方法"；这部著作的全名为"谈谈正确引导自己的理性并且在各门科学中寻找真理的方法"（*Discourse on the method of rightly conducting one's reason and reaching the truth in the sciences*）。对笛卡尔来说，"理性"并不意味着任何特殊的技术训练或是刻意学习；恰恰相反，正如第一段引文（摘自《谈谈方法》的开头）所显示的那样，笛卡尔将理性与"良知"联系起来——良知是"这个世上分配得最好的东西"。在其他地方，他提到了存在于所有人类身上的"自然之光"（natural light），并且坚持认为，相比于玄奥精妙的学问和书本知识，自然之光能让我们探索得更远。笛卡尔对自己接受的大部分传统经典教育深表怀疑，认为所谓的往昔"智慧"常常不过是偏见和成见的大杂烩——是知识的障碍，而非知识的体现。

对年轻的笛卡尔来说，数学提供了某种与成见和模糊概

p.12

率的泥沼全然不同的东西，后者往往冒充成知识。在引文的第二段，笛卡尔提到了从几何学中发现的"推理的长串链条"，将其视为可靠性和明晰性的典范。在标准的欧几里得几何学中（可以追溯到公元前3世纪欧几里得在《几何原本》中的表述），某人可以从自明的原理或"公理"出发，随后每一个论点或定理按照一套全然清晰的步骤，都可以从这些公理中推导出来，如此一来，它们便通过推理过程与之前的内容取得了逻辑关联。这一称作"演绎"的推理过程追求的是无懈可击。前提既被认为是不容置疑且显而易见地正确的，随之而来的结论便严密无误，无法被否定，否则就陷入了矛盾。这种程度上的明晰性、可靠性和演绎严密性，正是笛卡尔在其新科学中追求的目标。

几何学理所当然关注的是形状或"外形"，例如圆形和三角形，因此就会有人提出疑问，笛卡尔是不是在说，一切科学按照狭义理解，都应该是"几何的"。笛卡尔在物理学方面的很多研究的确关注的是大小和形状。这些研究旨在表明，我们在周身观察到的所有复杂现象，如何能够用微观层面上物质微粒的相互作用来解释；同时，这些相互作用也完全可以用微粒的大小、形状和运动来解释。

因此，几何学至关重要。但正如引文所表明的那样，笛卡尔并不是出于几何学本身的原因而推崇它。几何学的引人p.13之处在于，它处理的是"对象相互之间所持有的各种关系或比例"；换句话说，几何学帮助我们发现一切现象背后的形式化的数学模式和比例。连同《谈谈方法》一道，笛卡尔还发表了三篇科学论文作为其新方法的示范：《屈光学》《天象学》和《几何学》；将新方法运用于这三个明显不同的主题，都需要把抽象的数学比率或比例原则应用到每个领域的特殊问题上。因此，《屈光学》以恰当的精确性阐述了我们现在所知的光折射的数学定律，《几何学》则在一定程度上专注于算数和几何研究中的抽象代数关系，从而将有关形状和数字的研究结合到一起。笛卡尔关心的，一言以蔽之，是科学知识的通用模板——他有时称其为"普遍数学"或"普遍原则"（mathesis universalis）。正如他在早期未发表的研究《指导心灵的原则》（*Rules for the Direction of our Native Intelligence*，约 1628 年）中所言："我渐渐发现，数学唯独关心与秩序和度量有关的问题，且无关乎所需度量的是涉及数字、形状、星体、声响，还是其他什么对象。这让我意识到必定存在着一门通用科学，能够解释关于秩序和度量的所有疑问，而不论其主题为何。"（AT X 278；CSM I 19）

这是一幅鼓舞人心的愿景。在笛卡尔先辈哲学家所处的时代，众多主题各自分立，构成了经院哲学体系的特征，每一个主题都有各自独立的方法和精确性标准，每一个主题描述的都是本质上属于不同种类的现象。笛卡尔提供了一把*万能钥匙*——研究整个宇宙之下的可由理性确定的形式化结构——来取代这一局面。伽利略在二十多年前就已宣称，"伟大的宇宙之书"是由数学书写的。和他一样，笛卡尔立志发现这一终极密码，从而揭示出自然的奥秘。

p.14

尽管知识的数学模型可能充满诱惑，但若非谨慎解读，就有可能会产生误导。正如上文所述，经典的欧氏几何是一个严密的"演绎"体系——也就是说，这一体系中的所有命题都严格地从自明的出发点演绎得来，其中涉及的那类知识被哲学家视为"先验的"知识，亦即完全脱离经验运作的知识。你可以坐在扶手椅上，仅从给定的定义和规则出发来研究欧氏几何。如果你数学方面的想象力一般，或许你会需要借助纸笔，但你肯定不需要跑前跑后测量线条和矩形。几何学并不是一门经验科学。

这或许会让我们对上面最后一段引文中的豪言壮语产生疑惑。这段文字摘自笛卡尔的《哲学原理》。就我们所见，通用方法足够清楚：数量、比例、比率、大小和形状——这些都是新科学的组成部分。不过最后那句振聋发聩的句子要怎么理解？——"我也只承认那些从不容置疑的公理中推导出的结论为真，其推导过程确凿到可以被视作数学论证。"科学家真的可以立志于通过演绎（脱离开经验）——所谓坐在扶手椅上——揭示宇宙中的一切奥秘吗？并且，科学推理真的能与这个由严格的演绎证明构成的数学模板相匹配吗？

笛卡尔在这里或许有点矫枉过正了。几个世纪以来，跟随着亚里士多德以及阿奎那的脚步，知识（希腊语为 episteme，拉丁语为 scientia）被认为涵括了基于自明公理所作的严格演绎论证；在倡导自己的新科学体系时，笛卡尔当然不

p.15

愿让它显得缺乏这种神圣理想。然而，如果我们仔细深入他的体系，并且细究他给出的解释如何在实践中发挥作用，那么他实际所拥有的科学观念无论如何都不及演绎模型那般严密。《谈谈方法》第六部分的段落（开篇引文的第三段）直接表明了这一点。笛卡尔坦率承认自然的能力无比强大广阔，而他自己的数学原则又如此简单普通，在实践中不可能严丝合缝地从这些原则中推导出每一项结论。

相反，笛卡尔承认观察的必要性。整体上来看，科学家似乎是从抽象的解释模式着手工作的，但是当他们转向诸如磁性、玻璃的形成或是潮汐活动的具体解释时，就必须引入辅助性的假设，并根据经验或是观察对假设进行验证。在众多符合首要原则的可能性中，自然运作的确切方式必须"通过寻求进一步的观察，这些观察的结果根据这些方法所提供的关于这些观察的这种或那种解释而各不相同"，以此来确定。

诉诸——实际上是依赖于——观察在科学中的作用，让笛卡尔更为接近我们如今所理解的现代科学方法。这一点十分重要，因为教科书里通常仍把笛卡尔描述为"理性主义者"，树立成"经验主义者"的对立面。（前者源自拉丁语 ratio，意为"理性"；后者源于希腊语 empeiria，意为"经验"。）根据这一源远流长的分类，哲学家被划分为两大阵营，一边相信理性的力量能够独立于经验而产生纯粹的先验知识，另一边则认为一切知识必须通过五种感官而获得，源自观察或经验。笛卡尔的确认同理性内在具有的"自然之光"，他也确实认为有很大一部分知识可以通过先验的方式获得；更进一步（如我们将在下一章所见），他警告说感官的见解也时常令人怀疑和困扰。因此从这些方面来看，笛卡尔或许可以被归为远溯至柏拉图的"理性主义"传统。但从另一方面来看，正如上文述及的《谈谈方法》中的相关段落所显示的那样，笛卡尔并非想安坐在扶手椅上，仅仅通过抽象推理来提炼出整个科学体系。他的科学论著充满了对观察的图解和描述。尽管笛卡尔或许算不上是一个现代意义上的伟大实验家，但他充分意识到自己的抽象数学原则需要得到假设和观察的补充，才能对我们周遭的真实世界产生影响。

p.16

最后这一点让我们看到了笛卡尔"几何式"科学方法至为重要的一面。对大小和形状的数学研究显然是十分抽象的事情，同样也是一件静态的事情。无论笛卡尔为了描述构成其宇宙的"广延物质"微粒而引入的等式如何优雅，表面上看似乎都没有对运动做出任何解释，更不用说对力或阻力等动力学概念的解释了。这些概念在笛卡尔去世后不久，就开始在牛顿力学中发挥重要作用。对物理宇宙实际运行的解释似乎不能仅仅来自纯粹的数学研究。

笛卡尔对此的回答要到上帝那里去找，这在他的理论体系里屡见不鲜。"上帝是运动的主要原因"，笛卡尔在别处观察到，并且"他总是在宇宙中保持相同数量的运动"（《哲学原理》，第二部分，第36段）。因此，从纯数学知识到真实物理宇宙知识的转变，要求我们认识到存在着某种支配整个物质世界的动态力量或力。这种力不是物质中固有的某种东西；说到物质，在笛卡尔的体系里，物质单单只是"广延物"，是具有固定宽度、深度和高度的几何式构成的众多微粒。与此不同的是，正是某种外部的、超越性的力量，某种神圣的力量，是一切存在和运动的原因，这种力量（正如笛卡尔时常认为的那样）超出了我们的理解能力，令我们无法完全领悟。

这似乎会让我们远离现代科学。笛卡尔的看法与爱因斯坦提出的惊人观点相去甚远，后者认为，物质和能量是可交换的，或者换一种说法，能量是物质固有的，而非从外部强加的。但我们也应该铭记，爱因斯坦的先驱，举世闻名的艾萨克·牛顿，与笛卡尔的看法一致，同样认为若非存在一个神圣的创造者和保存者，数学与物理学的解释就是不完整的。无论如何，"科学的数学化"，即开篇引文中笛卡尔在《谈谈方法》和《哲学原理》中提出的主张，毋庸置疑指明了通向现代世界的道路。从笛卡尔开始，科学之路就和对宇宙的定量化的数学理解密不可分。

p.17

2

怀疑与确定性

多年以前，我惊异于，有大量的错误是我自幼就当作真理接受下来的，并且我在这种不可靠的基石上建立起来的任何东西都是高度可疑的。因此，我认识到，在我一生中必然要彻底拆除整个建筑，而且，如果我想要在各门科学中建立某种持久且不可动摇的东西，我就必须再从地基重新开始……

迄今为止我当作最真实的而接受下来的那些东西，我或者是从感官，或者是通过感官获得的。但是，我时不时发现感官是骗人的；谨慎起见，对于那些曾经骗过我们一次的东西就永远不能完全相信。

然而，尽管感官常常在那些非常小或非常远的对象上欺骗我们，可是有许多其他的信念，怀疑它们几乎不可能，即便它们来自感官——比如，我在这里，坐在火炉旁，穿着暖袍，手里拿着一张纸，诸如此类。怎么能否认手或整个身体是我的呢？除非我把自己比作疯子，他们的大脑受到黑胆汁持续蒸汽的巨大损害，以至于他们在穷困潦倒之际却坚决声称自己是国王，或者在他们赤身裸体之时却说自己身着紫袍，或者说他们的头是陶土做的，或者说他们是南瓜，或者说自己是玻璃做的。但是，这些人精神错乱了，如果我从他们那里弄些东西作为我的榜样，那我就会被认为同样发疯了。

p.19

这真是一个绝妙的推理！难道我不是这样的一个人，他在晚上睡觉，并且在睡着时经常拥有的各种经验就如同疯子在醒着时的经验一样——有时甚至更为荒唐。多少次当我夜里睡觉时，我却相信发生了这类熟悉的事情——我在这里、穿着暖袍、坐在火炉边，可事实上我当时正光着身子躺在床上！此刻，当我正在看这张纸的时候，我的眼睛确实清醒地张开着；我摇晃着脑袋，它没有睡着；由于我伸展四肢并且特意地感觉到了我的手，我知道我正在做什么。所有这些不会以这样的明晰性发生在一个睡着的人身上。千真万确！难道我没有回忆起其他的场合，我在睡觉时被完全类似的想法欺骗？由于我更为仔细地思考这些，我明显地看到，从来没有任何可借以区分睡梦与清醒的确切标记。结果就是，我开始觉得茫然，这种感觉甚至强加给我"也许我现在睡着了"这样一个念头……

无论我是醒着还是睡着，二加三总是等于五，正方形只有四条边。这类显而易见的真理似乎不可能会引起人怀疑它是假的……还有就是，既然我有时相信，他人在他们以为自己拥有最完满的知识的情况下会走入歧途，我如何知道上帝没有让我犯类似的错误，每当我把二加到三上，或者数正方形的边，或者在某种可以想象的更简单的问题上？

《第一哲学沉思集》(*Meditationes de prima philosohia*，1641)

摘录自"第一沉思"(AT Ⅶ 17-21；CSM Ⅱ 12-14)

笛卡尔把扫除成见并在"清晰且明确"的原则基础上建立起新的知识体系视为自己的毕生使命。在上文摘录的段落里，我们看到了他要如何清除这些成见；这或许是他最著名的相关论述，出自1641年以拉丁语出版的哲学名著《第一哲学沉思集》的开篇。

笛卡尔的"沉思者"行进在一条孤独偏僻的道路上，决意要"拆除一切"并"从地基处重新开始"。笛卡尔希望每一位读者都能跟随"沉思者"的脚步。拆除一切要用到的武器是*怀疑*。他从怀疑五官的证据开始：它们往往被证明是不可靠的；而审慎的做法是不再信赖那些已经欺骗过我们一次的人。接下来，怀疑变得更为猛烈。对感官可靠性的忧虑很难让人质疑那些绝对基本的信念，例如我穿着冬季暖袍坐在火边。但等等！我难道不会时常生动地梦见这类事情，而醒来后发觉自己实际躺在床上？

有些人认为上述"梦境论证"（后人如此称谓）相当蠢笨；另一些人（或许是那些经历过当时看起来完全真实的生动梦境的人）觉得它令人信服且引人不安。笛卡尔提出这一论证的目的是让我们思考我们所自恃的事物中，到底有多少真正称得起是知识，以此使我们软化下来，削弱我们日常的自满。对于沉思者孤寂的心灵而言，似乎没有什么是确定的——兴许真的没有什么世界"在那里"，有的只是梦境里的画面。

陷于生动梦境的人和那些只是模模糊糊记得自己做梦（如果有的话）的人，两者间的区别尤有意味。最近的研究发现，有很大一部分人是"清醒的"做梦者——也就是说，他们拥有完全生动连贯的梦境体验，甚至在梦里还有可能生出如下念头，"这一切太古怪了——我觉得自己一定是在做梦！"，又或者是，"太糟糕了，真希望我能醒过来！"如果你也有过类似体验，你很有可能会认真对待笛卡尔的论证。其他人则不会把它当回事儿，大概还会奇怪质疑一个人是否清醒有没有意义；或者他们会觉得即便这种质疑有意义，也总是可以通过一些测试来加以解决——掐自己一把，如果很疼，那就表明你没有昏睡。但实际上事情当然没这么简单；因为清醒的做梦者*在他们的*梦境中，完全有能力思考如下想法，"我最好看看自己是不是醒着"。他们甚或还会梦见在掐自己，掐得很疼，于是得出结论认为自己醒着。最近针对梦的研究提供了许多"假醒"体验的报告：像是从梦里醒来，却发现"醒来"只是梦的另一部分。有相当数量的人经历过一连串"假醒"组成的噩梦，每一次假醒仿佛都使人确信，这次*的确*是醒了，直到奇怪的事情发生，倒霉的入睡者才意识到这最终只不过是梦的延续。

　　笛卡尔自己有在早晨"睡懒觉"打盹的习惯（这种情况下清醒的做梦者尤为常见）——他从孩提时代起就一直保持着这个习惯，当时由于他身体欠佳，在寄宿学校里得到允许可以晚起。似乎可以确定，笛卡尔自己就是一个清醒的做梦者。实际上，在他早期笔记中提到过一系列极其生动且扰人的梦，那是1619年，年轻的笛卡尔正在德国南部游历（在《谈谈方法》第一部分中明确提及了这次旅行）。一整天，他都待在一间闷热的"火炉加热的房间"（poêle）里沉思，睡前精神亢奋不已，满心觉得自己发现了新知识体系的基础。三个连续不断的梦接踵而至。在第一个梦里，他受到幻象袭

p.22

击，同时感到有一阵狂风使他举步维艰。他在一所学校庭院的小礼拜堂里找到了庇护（这部分梦境毫无疑问与普瓦捷附近拉弗莱什公学的记忆有关，笛卡尔在那里度过了大部分孩童时期）。一位朋友走近他，说有人要送他一份礼物，而"他觉得是一只从异国他乡带回来的甜瓜"。第二个梦伴随着响亮且剧烈的噪声，还有闪烁和光亮。第三个梦则平静得多，梦里有两本书，第一本是词典或百科全书，笛卡尔拿它来展现"所有科学汇集到一起"，而第二本书是一卷诗集，收录了拉丁语诗歌《我的人生该走哪条路》（Quod vitae sectabor iter）。笛卡尔的早期传记作家阿德里安·拜耶（Adrien Baillet）基于笛卡尔自己的日记材料，在1691年发表的笛卡尔生平中讲述了这个故事。

笛卡尔确信这些梦意义非凡，并认为它们预示了自己将成为新哲学体系奠基者的命运。然而，引人注目的是梦中生动的细节，以及如下这点（据拜耶所言）："他抱着对刚才目睹的一切是梦还是幻觉的怀疑，不仅在仍旧睡着的时候就认定这是梦，甚至在醒来前就在推测解释。"

因此，《第一哲学沉思集》中对做梦的讨论就不仅仅是"学术"训练，也是从笛卡尔自身经历中生发出的强烈个人共鸣。对笛卡尔来说，做梦确确实实提供了一个进入逻辑连贯的（虽则有点古怪和假想）世界的入口，在这个世界里，一个人精神体验中那些寻常的外部关联不再是理所当然的。"我明显地看到，"笛卡尔在上述《第一哲学沉思集》的引文段落里说道，"从来没有任何可借以区分睡梦与清醒的确切标记。"整个思维都陷入迷失与纷扰，本身又制造出某种精神眩晕——笛卡尔指出这种令人神志不清的眩晕感只会强化一个人可能是在沉睡的想法。

p.23 笛卡尔对数学坚信不疑（参见第1章），并认为哪怕是"我正在做梦"这样的假设也无法破坏数学的确定性："无论我是醒着还是睡着，"在我们的引文段落里笛卡尔如是观察，"二加三总是等于五，正方形只有四条边。"但随后一种更具威胁性，更为激进的怀疑浮现出来。上帝会不会——毕竟他应该是全能的——在我每次数正方形边数或将二和三相加的时候，引导我犯错？或者更激进一点（笛卡尔的沉思者紧随引文段落之后继续推测下去），可能根本就不存在上帝。我们应该晓得，在17世纪，即便在理论上提出这种可能性也是要冒极大风险的，但是笛卡尔坚定遵循着自己的论证思路。如果上帝不存在，那么我们的心灵就不会是由神赐予的，而必定是从偶然的机运或某些不完满的随机因果链条一路进化而来的；在这种情况下，就更缺乏理由去信赖我们数学推理的心智能力了。无论上帝存在还是不存在，似乎都无法保证我能够信赖自己最基础的理性直觉，例如二加三等于五这样的信念。

这便是笛卡尔式怀疑论的制高点。在"第一沉思"末尾，笛卡尔引入了"阴险的恶魔"这样一个一心涵于系统性欺骗的骇人设计，来概括他的讨论：

我将假设，不是那个至善的并且作为真理之源泉的上帝，而是某个最有能力最狡猾的阴险的恶魔运用其一切能力来欺骗我。我将认定，天空、空气、地球、颜色、形状、声音以及所有广延体都不过是他设计出来诱骗我判断力的梦中幻象。（AT Ⅶ 22:CSM Ⅱ 15）

　　这是极度迷失情景的早期版本，此类情景通过《黑客帝国》（*The Matrix*，1999年由沃卓斯基兄弟担任编剧及导演）这些大获成功的科幻电影，在我们这个时代变得稀松平常。整个"现实"——或我们以为是现实的东西——可能是由某些邪恶外星势力以某种方式植入我们心智的一系列欺骗性印象。

p.24

　　有没有出路呢？自古典时代以来，哲学家们苦苦思索，反复游移在"怀疑论者"及其反对者之间的长久争论之中。笛卡尔的同时代人，英国哲学家托马斯·霍布斯（Thomas Hobbes）抱怨道，自己原本应该选择和盘托出这一"老掉牙的素材"。《第一哲学沉思集》出版的时候，霍布斯恰好在巴黎躲避英国内战，有人给他看了这部著作的手稿，笛卡尔的编辑马丁·梅森（Martin Mersenne）邀请他对手稿发表评论。霍布斯的"反驳"连同其他知名哲学家的反驳意见，还包括笛卡尔的"回应"，一同收录在1641年初版《第一哲学沉思集》中。

实际上，霍布斯的嘲讽并不那么公平；在古希腊或古罗马关于怀疑论的哲学讨论中，并未有人提出过类似恶魔这样的说法。然而，有人或许会觉得，此类精心谋划的怀疑情境过于做作夸张，不具备真正的说服力。在笛卡尔之后的那个世纪里，才华横溢的苏格兰哲学家大卫·休谟公允地评论道：

> 最能推翻……过分的怀疑原则的，乃是日常生活中的行动、业务和工作。这些（怀疑）原则在经院中诚然可以繁荣，可以胜利，在那里我们是难以（纵然非不可能）反斥它们的。但是它们一离开它们的庇护所，并且借触动我们情感和感觉的那些实在物象，和我们天性中那种较有力的原则对立起来，那它们立刻会烟消云散，并且使最有决心的怀疑者和其他生物处于同一状况之下。（《人类理解研究》，1748年，第12章）①

p.25

休谟提醒我们，人类的天性最终总是会胜过哲学论证。你或许会对着《黑客帝国》的剧情兴奋一会儿，但当你烧水煮茶，或是（使用休谟的例子）玩一局双陆棋消遣，你就会发现那些疯狂的怀疑逐渐烟消云散。笛卡尔自己或许也会这么认为。在《第一哲学沉思集》中，笛卡尔把自己的怀疑推

---

① 　　　引文参考关文运译《人类理解研究》（商务印书馆1981年版）。——译者注

理描述为"夸张的"（hyperbolical），并且在印于书前的"内容提要"（Synopsis）中表示，"没有一个心灵健全的人"曾经怀疑过我们周遭世界的实际存在。

然而，这番论证指出了重要的一点。它首先提醒我们，感官并不总是可靠的；其次，体验的生动性和主观说服力并不能保证其所描绘的事件实际发生了；再次，即便是一个看似非常简单的判断，例如"二加三等于五"，也预设了我们心智功能的可靠性——我们不能视其为理所当然之事。笛卡尔自己不是一个怀疑论者，但他想弄清楚怀疑可以推进到何种程度。他的怀疑是一种武器，专门设计用来挑战根深蒂固的"成见"和"偏见"（拉丁语为 praejudicia——对应英语的 pre-judgements。AT Ⅶ 22：CSM Ⅱ 15）。

在探究我们最坚定的信念如何可能是错误的过程中，笛卡尔的脑海深处或许想到了当时最具破坏性的一项发现，即地球本身——尽管《圣经》宣称其不移不易——事实上每24小时绕着地轴自转一周，同时每年绕太阳公转一周。在笛卡尔出生前四十年，尼古拉·哥白尼首次提出了以太阳为中心的行星系统这一十足惊天动地的观点；而笛卡尔的同时代人伽利略·伽利雷已经开始收集支持这一观点的观测材料，当时笛卡尔还在上学。二十多年后，伽利略因提出日心假说而遭到宗教裁判所的谴责，当时笛卡尔本人也支持以太阳为中心的宇宙图景，正打算发表自己对于物理宇宙的说明。整个17世纪确实是一个对于宇宙本质充满真切怀疑和不安全感的

p.26

时代，其时代精神在英国诗人约翰·多恩（John Donne）写于 1611 年的长篇哀歌《世界的解剖》（*An Anatomy of the World*）中得到清楚昭示，当时笛卡尔还只有十多岁：

（这种）新哲学怀疑一切，

火元素被扑灭殆尽；

太阳迷失了方向，地球也是，而人的智慧

无法指示他该看向何方。

笛卡尔注定要成为"新哲学"的主要推动者之一，他迫不及待地想要清除往昔混乱和谬误的断壁残垣，这便解释了他研究的重心所在，正如"第一沉思"的副标题所宣示的："可以引起怀疑的事物"。但笛卡尔的目的不是为了怀疑而怀疑。他计划用怀疑的工具来建立确定性的新根基。在下一章中，我们将会看到他是在何处找到这一根基的。

3

意识与自我意识

　　昨天的沉思让我陷入了如此多的怀疑之中，以至于我既不能将它们从我的心中赶走，也没有看到任何解决它们的办法。我就像突然掉进了一个很深的漩涡，陷入了如此大的困境，以至于我既不能在底部站稳也不能游回水面。虽然如此，我还是要做一番努力，再一次试着走上我昨天已经开始的道路，也就是说，我会把任何有一丁点可疑的东西都搁在旁边，就好像我已经发现它完全是假的一样；我将以这种方法前进，直到我发现有某种确定的东西，或者，如果我没能发现别的东西的话，我也发现了唯一确定的就是根本没有确定的东西。阿基米德（Archimedes）宣称，他只要有一个稳固的、不可移动的点，就可以撬动整个地球；我也可以希望更伟大的东西，如果我想办法只找到一样东西，尽管微小，却是确定的且不可动摇的。

因此，我假设我看见的一切都是虚假的。我以为，我那个骗人的记忆表象给我的所有东西中，没有一样曾经实存过；事实上我根本没有感官；身体、形状、空间中的广延、运动和位置都是虚构物。那么，还剩下什么是真的呢？也许唯一的事实就是没有什么是确定的。

但是，我怎么知道，没有某种不同于我刚才列出的东西存在，对于它不能有丝毫的怀疑？难道没有某个上帝，或者无论被称为什么，将我现在拥有的思想放进我里面？但是，为什么我要这样想呢，既然我自己很可能就是这些想法的作者？但是，至少，难道我根本就不是某种东西？但是，我刚刚已经否认了我有感官和身体。现在，我迷茫了，因为从这里可以推出什么呢？难道我与身体及感官是如此地紧密相连以至于没有它们我就不能存在？但是我曾经说服自己相信，在这世上什么都没有，没有天、没有地、没有心灵、没有身体。因此，我是不是也要说服自己相信我也不存在吗？不：如果我说服自己相信什么，那么我确定存在。但是，有某个骗子，或者其他无比强大且狡猾的东西，他一直故意骗我。

p.28

如果他正在欺骗我，那么，无可怀疑的是，我也存在；让他尽其所能地骗我吧，他永远不会使得我成为虚无，只要我想到我是某种东西。因此，在充分地甚至是过分充分地权衡了所有这些考察之后，我最终决定提出这个命题：我存在，我实存（ego sum, ego existo），每当它被我说出来，或者在我心灵中被领会到，它必然是真的。

《第一哲学沉思集》（*Meditationes de prima philosohia*，1641）

摘录自"第二沉思"（AT Ⅶ 23-5；CSM Ⅱ 16-17）

"第一沉思"是灵魂的暗夜。一切都遭到怀疑，而我处于极度焦虑的状态。先前我轻易接受的一系列信念都被证明是成问题的，这让我渴望寻获失去的安全感。我很乐意滑回到那些令人欣慰的旧观点；实际上，笛卡尔在第一沉思的末尾处写道："我害怕摆脱它们，因为害怕我平静的睡梦之后紧跟着的是清醒的艰苦劳作，而且我将长时间不在光明中跋涉，而是身处我刚刚提出的那些问题引起的无法逃脱的黑暗。"

然而，跟随笛卡尔走上极端怀疑的孤独之路是值得的。他并没有把《第一哲学沉思集》当作抽象的哲学理论论文来写，而是（如书名所示）当作我们每个人都要完成的一组练习。他在该书前言中警示说："我不会寻求任何人读这本书，除非是那些能够并且愿意和我一起进行严肃沉思，并且*让心灵从感官以及所有成见中抽离出来的人*"。在论及让心灵从感官中抽离时，笛卡尔援引了古代哲学的传统观点。柏拉图在公元前5世纪提出，为了获得真正的光明启迪，哲学家就必须努力从"洞穴"中走出来——我们日常信念构成的世界建立在多变且不可靠的感官材料的基础之上——并且要不畏艰苦，一路向上进入更敞亮光明的纯粹理智的世界。很久之后，奥古斯丁在公元4世纪之交罗马帝国行将覆灭之时，追随柏拉图对感官的质疑写道：我们要逃离感官输入的汹涌海洋，在理性的坚实海岸上找到更加牢固的立足点。

柏拉图和奥古斯丁式的古老隐喻在笛卡尔这里重现了。黑暗要为光明所取代；在涡流的混沌水泽中，至少要找到一处坚固不移的地方用以立足。但是如果一切都是不确定的，要去哪里找寻立足点？五官感觉似乎是我们所能知晓的一切的基础，如果我们已然否定了它，那要如何找到可靠的地基？笛卡尔援引了另一处古典希腊的思想资源——阿基米德，古代世界最伟大的数学家和工程学家之一。阿基米德因其对支点的研究而闻名，据说他曾经说过："给我一处可以站立的地方，我将撬动整个地球。"因此，笛卡尔并不追求一套完整的知识体系，而只寻求找到确定的一点，能够以此为始基。

所以让我们再一次跟随笛卡尔的孤独旅程。你孤身一人。你不能信任自己的感官。你兴许身处梦境。实际上以某种奇怪的方式看来，你的整个人生或许都是一场梦：你头脑中（如果你确实拥有一个物质头脑的话！）出现的一切事物都可能是幻觉的一部分，阴险的恶魔（或是它的现代替身，矩阵的操纵者）将这一幻觉系统性地植入你的意识之中。简而言之，你在一切事情上都受到了十足的欺骗。

但是稍等：如果你受到了欺骗，那么你肯定至少是存在的。奥古斯丁在笛卡尔之前看到了这一点，他这么说：若我受到欺骗，我存在（si fallor，sum）。终究有某种东西是无法怀疑的。正如笛卡尔在上述引文中所说："让他尽其所能地骗我吧，他永远不会使得我成为虚无，只要我想到我是某种东西。"彻底的怀疑是自我否定的；因为怀疑这一行为本身就证明了怀疑者的存在是不可怀疑的。

现在我们渐渐转向了笛卡尔著名的第一原理。正如他在早期著作《谈谈方法》第四部分中所说："我注意到，在我试图这样把一切都认作假的时候，正在这样思考的我，却必然是某种东西。我还注意到'我思考，于是我存在'（je pense，donc je suis）这条真理是如此稳固确实，以至于怀疑主义者所有夸张的假设都不可能动摇它，我决定，我可以毫无疑虑地将它当作我正在寻找的哲学的首要原理。"在七年之后的1644年出版的《哲学原理》（*Principia philosophiae*）中，法语名句"je pense,donc je suis"以更著名的拉丁语形式出现：Cogito，ergo sum。这个简约且自明的命题或许是整个西方哲学中最著名的格言，也成为笛卡尔知识体系中第一个安全立足点——所谓的"阿基米德点"。

如果我们要准确理解笛卡尔的思想，那么关于他的这句名言，就必须留意几点。首先，这是用第一人称单数做出的宣告：它必须用"我"这个词（I，或者它在法语、拉丁语或其他任何语言中的同义词）来表述，而不是用"你"或"他"甚或"我们"来表述。"你思考，于是你存在"就完全行不通。毕竟，我可能无法确定*你*是不是在思考，即便你站在我面前，向我做出保证，你也可能是我想象中的虚构之物，或者是梦境的一部分。这便强化了笛卡尔之前提出的一点，即他希望每一个读者都能和他"一起进行严肃沉思"。每个人都要为自己进行沉思。通过将怀疑推向极致，每一位个体怀疑者都将面对自己无可置疑的存在——此时此刻正在实际思考的，或正在试图怀疑一切的那个主体的存在。

p.31

其次，与此相关，"我思"（笛卡尔格言的现时称谓）的有效性并不是某种可以用白纸黑字加以说明的东西，好比某种非个人化的真理，例如"二加二等于四"。"我思"是一种直接性的个人化的意识，只有通过质疑它的个体行为或行动才能得到领悟。它并非通过一组前提或单个前提推导和派生而来的结论。有些评论者称其为*行动*，而不是推理。为了充分理解其原理，你必须付诸实际行动。

再次，它也不是永恒真理，其确证只是暂时的。我的存在并不具备任何必然性。我（你也一样）随时都可能不复存在。恶魔（或是笛卡尔想象中的"无比强大且狡猾的骗

042

子"），鉴于其威力无穷且邪恶无比，只要他愿意，他能轻易终结我的生命。即便不作阴险恶魔这种夸张假设，我们也非常清楚，我们的存在是有限的、偶然的：我们每时每刻都依赖于一系列持续性的因素（氧气、营养物质、重力、大气压、温度），其中任何一项失效或是发生重大变化，都会导致我们即刻灭绝。因此，没有任何确定可靠的东西，能够保证"我存在"（sum）这一命题的真理性。"我思"（cogito）这个命题似乎也是如此：思想活动随时都可能终止。那么，我思的确定性又在哪里呢？

唯在于此：只要我*正在思考*，就没有任何事物，*在这段时间里*，能够让我不存在。因此在我们的引文中，笛卡尔将我思的*暂时性*或者（如语言哲学家所说的）时间索引（temporally indexed）品格表述得非常清楚："*我存在，我实存，每当它被我说出来，或者在我心灵中被领会到，它必然是真的。*"在所引段落之后几段，他更加清晰地表达了自己的观点："*我存在，我实存，这是确定的。但是，多长时间？我思考多长时间，就存在多长时间。*"

我思的单薄和暂时性可能会让人觉得它太过空洞，无法从中得出任何真正的结论。此刻，一些活动似乎的确正在进行着，一些意识过程只要仍在持续，也无法受到怀疑。但仅此而已。甚至连我是否能够就正在思考着的"我"多说出些什么，也是不甚明了的。例如，假设这个"我"指的是某个特定的出生在20世纪的英国人，或者指的是一位正在书房里咬着羽毛笔沉思的17世纪法国哲学家，两者都将涉及一系列更进一步的假设，这些假设远不是确定的。毕竟，笛卡尔方才还让我们悬置之前的一切信念，并同时假定"没有外部世界，没有天，没有地"；那么他现在也无法轻易地再度引入他的"成见"，说他是某种确定的人类生物，拥有头颅和四肢，又或者假定自己身着冬季暖袍坐在炉火旁（"第一沉思"中描绘的场景）。笛卡尔已经煞费苦心地告诉我们，这一切或许都是幻觉。

对于所有这些，笛卡尔显得十分直率和坦诚。在确认了自己存在之后，他紧接着（在我们所引段落之后）提出了警告："但是我还没有充分地认识到这个现在必然存在的'我'到底是什么；因此从现在开始我必须小心从事，不要粗心地把某种不是我的东西当成这个'我'，不要在这条被我认为是所有知识中最确定、最明确的知识上犯错。"实际上，笛卡尔在"第二沉思"的这一部分中给自己提出了两项探究任务，而不是一项。首先，即便运用了极端怀疑的方法，也要确认是否他无法确定知道任何事物。笛卡尔通过第一原理给出了正面的回答，"我思故我在"：无论其他什么会受到怀疑，我知道只要我在思考，我就必然存在。第二个问题更难回答，即要确认"我"指的是什么。在确认了我存在之后，现在的任务是要确定我是*什么*。

p.33

在这里，笛卡尔的立论之基更不稳固。对于"我是什么"这个问题，普通的常识性回答似乎便是"一个人"。而众所周知，人是一种温血、没有羽毛的两足生物，有胳膊有腿，诸如此类。有关人的确切的生物细节或许（在某种程度上）存有疑问，但至少这里的"我"肯定指向某个拥有*身体*的人（而非幽灵或者鬼魂）。归根到底，我们通常认为自己*身处在一种十分充沛的身体感觉之中*。我正在花园里坐着；我正在书桌边打字；我正在饮一杯绿茶。

然而对于笛卡尔来说，所有这些物理参照都让我们远远超出了我们就自己所能确切言说的东西。"现在，"笛卡尔在"第二沉思"中继续写道，"我什么都不承认，除了那必然真实的东西。因此，准确地说，我*仅仅是一个思维的东西*；也即，我是一个心灵、精神、理智或理性……尽管如此，我是一个真实的东西，真实地存在着。可是，是什么种类的东西呢？我已经说过了：*一个思维的东西*。"因此，在直截了当地确认了自己*存在*之后，笛卡尔现在提出了一个有关他是*什么*的更具争议性的论点——他仅仅是一个"思维的东西"。他先前在《谈谈方法》中的早期表述将这一点表露无遗：

> （确认了我存在之后）接下来，我小心检查我是*什么*。我看到，虽然我可以假装我没有身体，并假设没有世界以及我所待的地方，但我根本不能假装我不存在……由此，我知道我是一个实体，其完整的本质或本性仅仅是思考，且不需要任何位置，也不会为了存在而依赖任何物质性

的东西。相应地，这个"我"——我成为我所是者所凭借的灵魂——完全不同于身体，其实比身体更容易认识，而且不会停止成为其所是者，即使身体不存在了。（AT IV 32—3；CSM I 127，强调为作者所加）

p.34

　　如果你打算在此跟随笛卡尔的思路，就要留意自己做出了怎样的妥协。事实上，你赞同的是如下主张，即你是某种*纯粹的精神实体*。关键短语是："这个'我'（ce Moi）——我成为我所是者所凭借的灵魂。"的确有很多人认为我们每个人都拥有一个独特的灵魂，并且每个人的本质，他们的真实自我，就在这一灵魂之中。因此，笛卡尔的立场绝非特立独行。但起码他的逻辑是成问题的。在上面这段《谈谈方法》的引文中，笛卡尔似乎将论证的基础建立在他有能力*假定自己没有身体*：如果我能想象自己没有身体，那么身体就不会是"我"的本质的一部分。不幸的是，就此而言，这个推理是错误的。我能想象自家猫没有DNA；但这是不是表明受到我质疑的DNA对于我家猫的特征来说可有可无？回答似乎是：不；这只不过表明我不太熟悉生物学。如果对遗传学一无所知，我可以想象各式各样的生物在缺少特定DNA结构的情况下仍能保留自身特征，但是当问题变成什么对于事物是其所是而言必不可少时，我的想象便是无关紧要的。

　　以上相似论证只是一个类比，但它似乎表明，笛卡尔

"假想"或想象自己可以没有身体而存在的这种能力，并不能成功证明真实的自我，即使他成为*他*的东西，真的可以在缺少身体的情况下存在。他针对"我是*什么*"这个问题给出的答案——"仅仅是一个思维的东西"——似乎是经由漏洞百出的论证而得出的。

p.35

　　值得思考的是，笛卡尔怎么会采取这样一种立场。第一种观点，也是当今许多哲学家的看法，认为他假定自己可以根据个体化的、私人性的沉思建立确定性的基础，令他歪曲了自己的视角。"我孤身一人"，笛卡尔在《第一哲学沉思集》的开头写道；并且他建议拆毁既有信念的大厦，从头开始新造一座可靠的大厦——可说是完全靠他自己。通常的说法是，笛卡尔式探究的视角在本质上是*私人的*；因此绝非偶然的是，从这一视角中生出的第一原理是*第一人称*的真理，*我思*：我思考，于是*我存在*。而现在，这种私人性进一步减少，变成一种本质上的主观心灵，一个私人的意识中心，一种"思维的东西"，此外别无他物。

　　针对私人化的第一人称视角能够为任何一种完满的知识描述提供基础这一观点，20世纪哲学家路德维希·维特根斯坦提出了著名反驳。他含蓄批评了笛卡尔提出的带有缺陷的假设，即思想和语言能够在一个完全私人化的第一人称领域里运作。维特根斯坦认为（在1953年出版的《哲学研究》中），为了正确使用语词，语言必然与公共规则相关。而如果意义依赖于由社会因素决定的公共规则，那么由激进怀疑方法构成的整个笛卡尔式探究过程就令人存疑。因为即使是表达怀疑甚至只是在心里抱有怀疑，我也不可避免地在使用语言和概念；而这便已然预设了"外部"世界的真实存在，预设了一个由使用语言的人类构成的公共社群，所有这一切本来都应该受到我的怀疑。

维特根斯坦反驳"私人语言"观念的某些观点至今仍让哲学家们争论不休。但是就笛卡尔在《第一哲学沉思集》里提出的论证过程本身而言，他的视角是否像当代批评者通常认为的那样"私人"和孤立，似乎也是存疑的。他的确为了聚焦自己的思想，采取了一种孤立或者说"自我中心"的视角；并且在怀疑了其他所有存在物之后，他（也许并不令人感到惊讶）只剩下了自己的意识自我，作为唯一的无可争辩的起始点。尽管如此，我们将会看到，他确实暗自承认了自己的思想存在某些限制——这些限制源于他自身之外。他越是检视自己，越会意识到实在的某些方面不在自己的掌控之中，包括整个观念领域，这一领域决定了他的思考要符合特定规则，不论他是否接受这些规则。对笛卡尔的思考造成限制的"公共的"或者说客观的构造，其源头并不如维特根斯坦的拥趸所认为的那样。这一源头不仅是社会语言惯习的作用，也取决于某种更加强大的东西——上帝至高无上的力量。接下来，就让我们转向笛卡尔思想中上帝的角色。

p.36

4

上　帝

　　接下来，反思到我正在怀疑，并且因之我的存在就不是完全完满的（因为我清楚地看到，认识比怀疑更为完满），我决定去探寻我能思考那比我完满者的能力之源泉；我非常清楚地认识到，这只能来自某种事实上比我更为完满的本性。

　　说到我所拥有的关于许多外在于我的事物——比如天空、大地、光、热以及许多其他东西——的想法，我毫不困难地知道它们来自哪里。因为我观察到，在它们里面没有什么显得优于我；并且我可以相信，如果它们是真实的，它们就依赖我的本性，就它们有任何完满性而言；如果它们不是真实的，那我就是从虚无那里获得它们——换言之，它们在我里面是因为我有某种缺点。但是，说到那个比我自己更完满的存在者的观念，同样的说法就不能成立了。因为，明显不可能从虚无中获得这个观念；而且我不能从我自己这里获得它，因为，更完满者应该来自并且依赖于更不完满者，这个说法包含的矛盾不亚于说某物应该来自虚无。

因此，仅仅剩下一个可能，那就是，这个观念被一个实际上比我更完满的本性放进我里面，这个本性自身中拥有所有我能想象到的完满，亦即——我自己用一个词来解释的话——上帝。

p.38

我还要补充一点，既然我知道某些我未曾拥有的完满性，我就不是唯一实存的存在者……必定还有其他某个更完满的存在者，我依赖它并且从它那里获得我所拥有的一切。因为，如果我单一且独立地存在，并且不依赖任何其他存在者，因而由自己获得了我所分享到的完满的存在者的一小部分，那么，出于同样的原因，我就可以由我自己获得其他任何我知道自己所缺少的东西，这样我自己就是无限的、永恒的、不变的、全知的、全能的；总之，我就可以拥有我在上帝那里所观察到的所有的完满。

《谈谈方法》，1637年

摘录自第四部分（AT Ⅵ 33—5；CSM I 128）

笛卡尔关于上帝的论证通常被理解为一个尴尬的文化包袱，卸下这个包袱会令他的哲学更出彩。实际上，上帝是笛卡尔哲学体系的绝对核心，正如我们在其科学规划中初次接触到的那样。而这一论证在笛卡尔哲学体系的形而上学基础中发挥了更为重要的作用。试图将笛卡尔思想"世俗化"的现代倾向并未申明该如何正确阐释他的哲学，只不过暴露出了我们自身所处时代的偏见。尽管流行趋势将笛卡尔视为一个只关心语言和"知识论"（关于知识的理论）的现代"分析"哲学家，但我们所援引段落的整体口吻和侧重，却揭示出笛卡尔与早先沉思哲学传统之间的关联，后者的价值值得我们认真对待，而非一弃了之。

笛卡尔的中世纪先驱之一，方济各会修士波那文图拉（Bonaventure）在其广受赞誉的《心向上帝的旅程》（*Itinerarium mentis in Deum*，1259）中问道："理智如何知道自身是有缺陷的不完满的存在，如若它对没有任何缺陷的存在毫无觉知。"在上述引文中，笛卡尔遵循了一条相似的道路。意识到自己是一个思维的存在后，笛卡尔便开始反思他对于自己到底知晓些什么，并且即刻直面自身的不完满这一赤裸裸的事实。他对众多事物一无所知，他身处怀疑和不确定的境地，以及他缺乏任何有效力量能够克服这些缺陷——所有这些都表明，他的本性是不完满的。

对我们自身不完满性的认识（我们很难反驳笛卡尔的这一前提）似乎预设了某种我们无法企及的完满性标准。正如笛卡尔在"第三沉思"中所言（采取了十分接近波那文图拉的口吻）："我怎么有可能理解我的怀疑或者我的渴望（也就是说，在我里面缺少某种东西），理解我不是完全完满的，如果在我里面没有一个更完满存在者的观念，并且通过与之比较我能够认识到自身的缺陷？"

对笛卡尔来说，论证的下一步便是要问，我是如何获得这一关于完满的观念的。我能从自身的来源中构建这一观念吗？我的许多观念似乎都源自外部，例如石头、树木、热和光这些关于周遭日常现象的观念；由此自然可以推论，正是相关现象本身在我这里产生了这些观念。然而怀疑论者会说，这些都是我梦到的，我只是凭借自身想象力的精神力量构建出了这些观念。画家和诗人利用他们的创造力编织观念，那么又有谁可以断言，我的有关周遭事物的观念，其根源就不能仅仅是我自己？好吧，就石头、树木这些例子而言，你既可以赞同也可以反对；但有一个观念，笛卡尔推断道，我们完全无法靠自己的力量获得。有关完满存在者的完满的观念，无法由我独自一人（或由与我相似的任何人）凭空捏造，因为正如我们所见，*我是不完满的*；并且正如笛卡尔在上述引文中坚持的那样，*更完满者不会源自更不完满者*。

假设你发现一个有心智缺陷的病人提出了一项高度复杂的数学证明——需要拥有数学博士学位才能理解的那种证明。或者假设你发现一个完全不会读写的低智病人写出了一本类似简·奥斯汀的《傲慢与偏见》那样曲折精彩的小说。

p.40

在这两个例子中，你肯定会得出结论：这个病人无法凭借自身才智产生这些观念——他必定是从旁人那里得来的，或者是从哪本书里抄来的。用古希腊哲学家巴门尼德提出的古老格言来说（它的中世纪拉丁语版本更加广为人知，ex nihilo nihil fit）："无中不能生有。"复杂数学证明或者曲折精彩的小说中所涉及的观念，无法向壁虚造。这便暗含了一种"因果充分性原则"：原因对结果而言必定是充分的。我们的病人（即原因）恰恰不足以产生其结果（即数学证明或小说），他的不幸缺陷，他的不完满，都是他无法靠自己创造出这些观念的最佳证据。

笛卡尔的推论正是如此简明，也的确优雅合理。以下便是他在"第三沉思"中对这一推论的进一步申述，在考察了自身心智中发现的所有观念，然后认定在大多数情况下，没有任何理由能够说明，他为什么不能仅凭自己构造出这些观念之后：

> 只剩下上帝的观念了；我必须考虑在这个观念中是否有什么东西不能够源于我自身。通过"上帝"这个词我理解的是这样一个实体，它是无限的、永恒的、不变的、独立的、全知的、全能的，它是我自己以及其他一切存在物——如果存在其他东西的话——的创造者。所有这些性质如此这般存在，以至于我越是仔细地考察它们，

越是觉得它们不可能仅仅源于我自己。因此，由上面所说的一切我必须下结论说，上帝必然实存。（AT Ⅶ 45;CSM Ⅱ 31）

p.41

尽管这一推论具备直觉上的合理性，却存在一处严重缺陷——我们方才讨论过的"因果充分性"原则。为何更完满者不会源自更不完满者？难道生命（一种错综复杂的现象）不是源于更不完满的原因（无机分子）吗？难道高级的生命形式不是源于更为原始的生命形式吗？达尔文主义通过随机突变和自然"选择"（变异在生存斗争中发挥的简单功能）的基本机制对进化过程的成功说明，令我们的当代世界观远没有做好准备去接受笛卡尔所依托的公理，即"更完满者不会源自更不完满者"。

尽管如此，我们人类的心智还是存在某些异乎寻常之处，或许确实需要特别加以说明。我们显然是有限的造物，在各个方面都受到限制、有所缺失且不完满。我们完全是偶然的存在——也就是说，完全依赖于一系列条件，离开它们我们就无法存在。然而，尽管存在着偶然性和有限性，我们内心显然拥有关于无限的观念。借用笛卡尔的同胞，与他同时代的布莱士·帕斯卡的话来说，人类是一种"无限超越自身"的存在；在我们内心中有某种东西超出了我们的有限处境和偶然局限，追求着永恒和无限。当然，所有这些只不过表明我们拥有无限完满的观念，而并不意味着有任何真实的存在者达到了这一观念。但仅仅是这一欲念，仅仅是对超越性的孜孜渴求，或许就构成了某种不能完全加以否定的东西。奥古斯丁传统显然对笛卡尔造成了影响（尽管在他发表的作品中没有确切指明），前者将人类精神中的*躁动不安*视为人类不可避免地追求神圣的标志。"你为着自己创造了我们，"奥古斯丁在《忏悔录》（Confessions，约公元397年）中呼喊道，"而我们的心躁动不已，直至它在你那里得到安息。"对信仰者来说，正是上帝的*观念*，以及这种观念在我们心中作为希望、渴求和一切我们匮乏之物的象征而显现，构成了某种基础，至少表明我们的期盼不是白费的。

p.42

　　这似乎就让我们超越哲学领域，进入了宗教信仰的领域，以至于超出了笛卡尔全然专注于理性和逻辑论证方法的界限。尽管笛卡尔的确偶尔会提到信仰的"超自然之光"，将其作为知识的特殊来源，但他显然希望自己的哲学能够建立在他所谓的"自然之光"（lumen naturale，即理性的"自然之光"）的基础之上。即便如此，在笛卡尔采取沉思的内在道路，在自己内心中找寻上帝的方式之中，仍然存在着一些非常奥古斯丁式的元素。"不要向外求，"奥古斯丁在其专论《论真实的宗教》（*De vera religione*，公元前391年）中宣称，"要回到自己的内心中；人的内心深处安住着真理。"笛卡尔在其"第三沉思"末尾的总结中，含蓄地表示了赞同：

　　　　这也没什么可奇怪的，如果上帝在创造我的

过程中将这个观念刻在我里面，就好像工匠为了让自己被知道而在其作品中刻上标记那样……只要有上帝创造了我这一个基本事实，那就可以相信我是以某种方式按照上帝的形象及相似性而被创造的，并且可以相信，我凭借知觉自己的官能来知觉这种相似性，而关于上帝的观念就包含在这个相似性之中。

因此，在笛卡尔重建人类知识的起始处，就明显透露出了其哲学体系以上帝为中心的品格。在发现了不容置疑的思想自我之后，首先便是对上帝的发现。几乎每一个学习哲学的人都知道笛卡尔的名言"我思，故我在"（Cogito，ergo sum）；却很少有人知道他在早期著作中提出的惊人之语，"我在，故上帝在"（Sum，ergo Deus est）（AT X 422；CSM I 46）。

然而，笛卡尔的方法真的是"以上帝为中心"的吗？天主教会（笛卡尔终其一生都是天主教徒）长期以来一直对笛卡尔哲学持怀疑态度，认为它是非正统的，对信仰而言有潜在的颠覆性。笛卡尔死后不久，其著作就被教会列入了禁书名单；并且在之后的几个世纪中，笛卡尔反教会、反宗教的形象长盛不衰，即便这一形象全然相悖于我们关于笛卡尔真实个性及著作所知的一切。

p.43

在反思20世纪道德价值衰落的《回忆与身份》（*Memory and Identity*）一书中，已故教皇若望·保禄二世（Pope

John Paul Ⅱ）将道德衰落的哲学根源追溯到了笛卡尔思想。他提出，麻烦始于笛卡尔构建哲学的方式，是将其建立在个人化的自我意识基础之上：笛卡尔在其著名的我思论证中，并没有（像圣托马斯·阿奎那在13世纪所做的那样）从神圣的自存性存在（Divine Self-subsistent Being）出发建立哲学，而是将每个人的个体意识置于首位，因而自此以后哲学便开始关注主体性范围内所涵括的事物，而非独立于主体性的实在。

　　但这一指控是错位的。尽管笛卡尔从他自己的自我意识出发，但我思的优先性只是一种认知上的优先性——他称其为"发现的次序"。如果我试图质疑一切，那么我无法质疑的第一件事物就是我自身的实存；尽管如此，笛卡尔十分清楚这种自我意识直接导向对上帝的觉知。Sum，ergo Deus est：我在，故上帝在。在认识自己的过程中，我立刻意识到自己完全依赖于一种比我无限强大的力量。从认知角度看，就个体对知识的追求而言，我或许是首先出现的；但从存在角度来看，在实在的次序中，上帝对笛卡尔来说保有绝对的优先性。

　　在"第三沉思"的末尾处，沉思者以一种明白无误的宗教口吻言说，"让我在此稍作停留，花一些时间去沉思上帝，去注视、惊叹、崇敬这无边光芒之美妙。"沉思者此处的声调属于敬神者（或是暗示着真正的爱或渴望的柏拉图主义哲学家）的声调，而不是超然物外的分析哲学家口吻。甚或最

p.44

好是说，笛卡尔接受了一种能在许多早期基督教神父著作中看到的思想方式，分析式的哲学思考和宗教式的沉思密不可分。沉思的基调和动力与其说源于批判性的审视，不如说是源于谦逊的顺从。正如对奥古斯丁来说，没有神圣恩典的赐予，任何救赎都是不可能的，同样，笛卡尔所追寻的科学真理从一开始就取决于映照在每一个个体灵魂中的"无边的光芒"，或者说（换作笛卡尔先前使用的隐喻）上帝的观念印刻其中，就像"工匠在其作品中刻上标记那样"。

笛卡尔思想的这些方面可能与我们现代高度世俗化的哲学探究观念不符，但如果我们对其进行压制，就是对他思想的真实品格视而不见。如果我们多多少少准备好放下自身世俗化的偏见，或许便能重新审视笛卡尔如何表达自己，从而发现他的思想无须被迫穿上现代的紧身衣，得以保持原样，也仍然具备一些引人瞩目且富于哲学意味的东西在里面。

5

意志与自由

　　意志纯粹在于我们做或不做（肯定或否定，追寻或避免）某事的能力；或者不如说，意志仅仅在于这样一个事实：理智将那些要被肯定或否定，或者要被追寻或避免的事情呈现给我们，我们则被驱使着以这样一种方式与这些事情发生关系，以至于我们感到我们不是被任何外在力量决定着朝向那个方向。为了能够自由，我没有必要被驱往两个方向；相反，我越倾向于某一个方向——或是因为我清楚地理解到真和善的理由在那里，或是因为上帝如此安排我内心深处的思想——我的选择就越自由。无论神恩还是自然知识都不会减少自由，相反它们增加并强化了它。另一方面，在没有理由将我推往一个方向而不是另一方向时，我所经验到的任意则是最低等级的自由；它绝不标志着完满的自由，只是标志着我知识中的不足或某种否定。因为，如果我总是清楚地看到什么是真和善，我就没有必要再三掂量如何下判断或如何选择行动；在那种情景下，尽管我是完全自由的，但我绝不是任意的。

从所有这些我知觉到，我犯错的原因既不是上帝赐予的意志能力——仅就这个能力本身而考虑的话，因为它是极为宽广的，就其种类而言是完满的；也不是理解能力，因为既然我的理解能力是上帝的赐予，无论我理解了什么，可以确定我正确地理解了它，在这里不存在我出错的可能性。那么，我错误的根源是什么呢？它只能是这点：既然意志的范围比理智的范围要广得多，我却没有把意志限制在与理智同样的范围里，却将意志扩展至那些我并不理解的问题。并且由于意志对这些东西是任意的，它就很容易背离真和善的东西，这就说明了我如何出错以及如何犯下罪……

犯错的原因只能是我已经解释的这一个，因为，每当我下一个判断的时候，我都如此控制我的意志，以至于它将自己局限于理智清楚明晰地呈现给它的那些东西，不会超出，这样就不可能发生我犯错这样的事情。因为每一个清楚明晰的

p.46

知觉无疑是某种真实的和肯定的东西，因此不可能来自无，而是必然有上帝作为其作者。它的作者，要我说，就是上帝，这个无比完满的存在，其本性与欺骗是不相容的；因此这一点毫无疑问是真实的。今天我不但知道了为了免于出错我应该避免什么，而且同时知道了为了达到真理我必须做什么。因为，我确定会达到真理，只要我充分地关注我完全理解了的每样东西，并且将它们完全区别于每一件我只是模糊混乱地了解到的东西。我今后将非常小心地做到这一点。

《第一哲学沉思集》(*Meditationes de prima philosohia*，1641)
摘录自"第四沉思"(AT 57-8 & 62；CSM Ⅱ 40 & 43)

p.47

当前对笛卡尔的常见曲解之一，是将他视为一位"认识论学者"，主要关注对知识的分析和定义。事实上，笛卡尔视自己的哲学为一个综合系统，不仅关注理论和认知问题，而且对人类境况和我们应该如何生活也具有实践意义。后一方面的关键之处在于笛卡尔的自由观。主导性的现代观念将自由选择视为在不同选项之间独立且不受限制地做出选择。笛卡尔（如上引文所示）理解的自由十分不同：当我们自发且不可抗拒地被引向某种明显感知到的善好时，我们才是最自由的。笛卡尔思想中这一相对遭到忽视的方面，针对现代盛行的"自主性"理想提出了有力挑战，这一理想意味着完全独立自主的选择能力。

尽管这一切的含义远远超出了笛卡尔的知识理论，但我们确实需要返回到他对确定性的探求，来为之后的讨论做准备。"我思"为笛卡尔提供了一个起始点——不容置疑地意识到自己是一个思想主体。从认识到自身及其不完满开始，笛卡尔随即意识到了自身存在的神圣源头。这便打开了通向体系化的可靠理解的大门："从沉思这个真实的上帝——一切智慧和科学的宝藏都隐藏于他里面"，笛卡尔认为自己能够找到通向其他事物知识的道路。

上段引文摘自"第四沉思"开篇，而笛卡尔原始文本的拉丁语措辞几乎照搬了《圣经》。在圣保罗给歌罗西教会的信中（《圣经·歌罗西书》2：3），圣保罗提到"神的奥秘，就是基督，所积蓄的一切智慧知识，都在他里面藏着"（in quo sunt omnes thesauri sapientiae et scientiae absconditi）。笛卡尔的许多当代读者立马能看出这一对拉丁语版本《圣经》的引用；笛卡尔巧妙地把单数的scientiae（知识）改成了复数的scientiarum（科学）。对圣保罗来说，上帝（体现在基督身上）是一切智慧的神秘源头；对笛卡尔来说，掌握了关于上帝的知识，就开启了通往"科学"——真正的科学理解——的道路。

潜藏其中的论证是，上帝是完满的（因此不会恶意或故意欺骗），由此赋予我可靠的心智；所以我有理由相信自己的心智能力本质上是准确的。至少来说，我可以依靠自身最基本、最直接的数学直觉。并且由于数学是物理学的关键所在，所以通向科学的大门现在便向我敞开了。正如笛卡尔在"第五沉思"的末尾所说的那样，"我能够以一种确定性明白地知道无数真理，包括作为纯粹数学之对象的整个形体事物之本性。"

这样是否过于完美？难道这不是与笛卡尔一开始提出的基本前提——承认自己的不完满——相悖吗？我们人类显然不具备完满的认识能力和觉知能力。实际上，显见的事实是我们确实会犯错，即便不是一直在犯错，但至少在大量科学判断中，更不要说在日常生活的"常识"信念中，充斥着谬误。而数学推理，正如每一个小学生，或者努力核对银行对账单和支票存根的成年人所知道的那样，必然无法免于这种普遍存在的人类错误倾向的影响。

如果我们理应是一位神圣且完满的创造者的作品，我们的能力为何会如此有限，如此不完满？人类理智经常暴露出缺陷，这个问题与另一个同样令人困扰的问题两相契合，即人类的道德缺陷：为什么我们人类如此频繁地对彼此造成巨大伤害？这自然也是一个源远流长的问题的一部分，每一个有神论者都必须面对这个问题——罪恶。这一古老的困惑便是，Si Deus est, unde malum? "如果神存在，恶从何而生？"我们真的能够假定，一个包含了如此多痛苦、罪恶和错误的宇宙，是由一位极度良善和完满的神所创造的吗？

教会神父一直在努力找寻解决这一难题的方法，他们发明了一种后来被称为神正论（theodicy）的观点——在罪恶问题面前为上帝的正义和良善辩护。奥古斯丁（和之前一样，我们发现笛卡尔在此处同样受其强烈影响）给出了有关所谓自由意志问题的著名辩护：诸般罪恶的存在不应归咎于上帝，而是人类随意做出的罪恶选择所致。在"第四沉思"中我们看到，笛卡尔遵循相似的思路，发展出了自己的神正论。理智和道德上的谬误并非源于造物主赋予我们的器官的固有缺陷，而是源于我们对自由意志能力的滥用。

p.49

笛卡尔的解释非常巧妙。关键在于上述引文中的观察，即意志的范围比理智的范围要广得多。我们的理智是有限的、受限的。我们可以就此抱怨吗？不，笛卡尔随后在"第四沉思"中如此作答："受造物的理智之本质就是有限的。"如果上帝在自身之外创造出任何事物，那么实在中就会包含有某种缺乏无限神圣完满的东西。当然你也可以说，对上帝来说，安于自身至高且自足的完满性，不创造任何不那么完满的事物，这么做会更好。但这么说听起来并不真诚。我们大多数人都认为，尽管人类存在者是有限的，总好过什么都不存在。

另一方面，我们的确拥有一种看似无限的能力：意志能力。它似乎没有受到限制；确实，笛卡尔将意志能力视为准神圣的——凭借这种能力，首先，"我显示出上帝的意象和形象"（AT Ⅶ 57；CSM Ⅱ 40）。我们的意志远远超出了我们有限的理智，因为尽管事实上我们的判断往往并非基于充分的证据或是对真相抱有理智上的充分把握，我们还是拥有赞同或否认命题的能力。而这，笛卡尔认为，就是谬误的源头。

你可以想象一个受造物（或进化物种），当真相尚未在理智上全然显明之前，它会保留一切判断。这将会是一种异常严格谨慎的生物。相比之下，人类则更为轻率：他们会发挥自身的自由来支持直觉，做出尝试。他们不会把自己限定在理智上清晰理解的狭小范围内，而是不断向外生发，自己做决定。这会导致错误，有时甚至是灾难性的，但这也是自由的代价。意志延展到了理智之外。

p.50 我们或许可以把笛卡尔在此处所指的这种自由称作一种"双向"能力——赞成或反对的能力。"是的，我同意！""不，我不同意！"尽管证据单薄，或者未能得到充分掌握，但我们经常会以这种方式行事吗？这么做的时候，我们是在实践中世纪哲学家传统上所谓的"任意的自由"——仓促做出选择的能力，像笛卡尔说的那样，"肯定或否定，追寻或避免"。但是通常情况下，当缺乏恰当的支持理由就做出决定时，我们真的是在合理使用意志能力吗？在我们摘录的引文中，笛卡尔指出了关键所在："在没有理由将我推往一个方向而不是另一方向时，我所经验到的任意则是*最低等级的自由*；它绝不标志着完满的自由，只是标志着我知识中的不足或某种否定。"让我们思考如下命题：其他世界上存在着生命。我可以坚持认为此命题为真，或者我也可以拒绝接受这一命题。但无论如何，我做决定的"自由"实际上只是无知的表现：从理智上来说，没有足够的证据可以解决这个问题。

现在让我们想象一下相反的情况，我清晰透彻地领会了能够确证某些命题的理由的完整结构（比如当我思考"2+2=4"这样一个命题时）。现在我似乎不再拥有"任意的自由"了。我也不再拥有"赞成或反对"的能力。现在只存在着一个选项，而非两个，我必须判定："对，这是真的！"在某种意义上，身处这一境况中的我们或许没有那么独立或者说"自主"。但另一方面，我们正是在自由地行使着我们的理性能力，并且是在兼顾了理智和意志两者的理想境况中：我们与这些支持判断的理由之间，存在着如此紧密且又不可抗拒的关联，以至于我们感受到某种自发而生的理性认可，正源源不断地从心中涌出。"对，这是真的！"这并非"任意的"自由，而是一种全然不同的自由——传统上归于"自发的自由"标签之下。在我们的引文中，笛卡尔以十分尊崇的口吻 p.51 描绘道："为了能够自由，我没有必要被驱往两个方向；相反，我越倾向于某一个方向——或是因为我清楚地理解到真和善的理由在那里，或是因为上帝如此安排我内心深处的思想——我的选择就越自由。"如果你愿意这么说的话，这便是最高等级的人类自由：对真理做出明确思考，令其具备完全的说服力；而理性理解让我们除了赞同之外别无选择。

笛卡尔在字里行间为造物主对人类错误所负的责任进行

开脱，其做法成功与否是个复杂的问题。在笛卡尔所描绘的图景中，我们只需要接受自身的有限性——即便我们对事物有所把握，也是不充分的。意志能力让我们有机会在这种情况下保持谨慎，保留判断，又或者承担风险，表达赞同或否认。假如我们正在编制一份假想中对造物主的控罪书，针对这种情况，我们到底在抱怨什么？另一方面，同样存在着真理（例如数学真理）的客观秩序，我们可以凭借理智能力对其进行把握；在此情况下，每当我们思考真理，清晰透彻的理解就会带来自动自发的赞同——自发的自由。笛卡尔再一次含蓄地要求我们表明，对此我们到底在抱怨什么。清晰透彻的理性理解让我们不可抗拒地对其表示赞同，此种情境难道不正是自由且理性的存在者梦寐以求的吗？

上述所有推理过程不仅适用于抽象的知性真理，同样也适用于我们生活中的道德抉择。在引文中我们留意到，笛卡尔把肯定和否定（知性判断）、追寻和避免（道德抉择）并置在一起。他的论证同等适用于"善的理由"和"真的理由"。和数学真理一样，道德真理也能如此看待：在笛卡尔看来，存在着明显具有价值且值得选择的善，只要我们正确认识到它，我们就会自发地宣称："对，这就是我所应该追求的！"我们越是顺畅自如地倾向于这样一种明确认识到的善，"我们的选择就越自由"。

那么，又该如何看待罪恶的问题呢？笛卡尔提供了一种模式，一种透彻理性的耀眼光芒，但这真的能够对人类经常误入歧途的事实加以说明吗？对笛卡尔而言，我们关注相关的真或善，只可能产生自发的赞同。你也可以说，人类与天使或天堂里的造物一样，沐浴在光芒中，为真与善的显见临在而欣喜雀跃。当然，人类并不总能保持对善与真的关注。我们的注意力也是有限的。况且作为血肉之躯，我们被来自身体的大量"干扰信号"分散了注意力，这些信号往往会产生对事物的强烈趋向，像是巧克力奶油蛋糕或炸薯条（更不用说那些远为堕落的事物），这些东西初看起来充满诱惑、令人向往，之后却对我们有害。简而言之，我们不是天使般的理智造物，而是居于人类的身躯之中，带着所有附加其上的限制。部分出于这一原因，人类经常转向不那么善好，或只具备表面吸引力的事物，甚至转向完全有害的事物。因此，尽管笛卡尔极力称颂神圣的"理性之光"，他同样也赞同《第四福音》（即《约翰福音》）作者的观点，即人类经常"不爱光，倒爱黑暗"（《约翰福音》3：19）。为了做好准备，检验这一在理智与激情的冲突中反复出现的主题，我们首先要检视一下笛卡尔哲学中问题最多的部分——他对心灵与身体两者关系的说明。

6

心灵与身体

p.53 我知道我清楚明晰地理解到的任何事情都可以被上帝创造成我所理解的那个样子。因此我能够清楚明晰地区别于另一样东西而理解某一样东西这一事实，就足以使我确信两者是不同的，因为它们至少可以被上帝分开来创造……因此，只是由于我知道我实存，并且同时发现，除了我是一个思维的东西以外，没有其他什么属于我的本性或本质，我就可以正确地推出，我的本质仅仅在于这一事实，即我是一个思维的东西。确实，我或许拥有（或可以预料说，我的确拥有）一个与我紧密相连的身体。然而，因为一方面我拥有一个关于自己的清楚明晰的观念，就我仅仅是一个思维而没有广延的东西而言；另一方面我拥有一个关于身体的明晰的观念，就这是一个广延的而非思维的东西而言。因此可以确定的是，我实在地不同于我的身体，并且可以不需要它而实存……

心灵与身体在这方面有着巨大的差别，身体在本性上就是无限可分的，而心灵则完全不可分。因为，当我考虑到心灵或我自身——就我仅仅是一个思维的东西而言——的时候，我不能在我自身之中区分出任何部分，只是把自己理解为一个单一完整的东西……与此相反，没有一个我可以想到的形体性的或有广延的东西，是我不能在思想中轻易地分成各部分的；仅此一点就足以让我将它理解为可分的……

自然借助痛、饿、渴等类似感觉教导我，我不仅仅像个水手出现在船上那样待在我的身体里，而且我与身体非常紧密地连接，并且可以说与之融合在一起，以至于我和身体如同一体。否则，在身体受到伤害的时候，我，仅仅是一个思维的东西，就不会感受到痛，而只会借助理智去知觉危害，就好像一个水手通过视觉去知觉他的船是否受损一样。

《第一哲学沉思集》（*Meditationes de prima philosohia*，1641）
摘录自"第六沉思"（AT Ⅶ 78,86，& 81；CSM Ⅱ 54，59 & 56）

或许笛卡尔最著名（或最声名狼藉）的学说便是所谓的"笛卡尔式二元论"——这一观点认为，心灵完全是一个非物质的实体，（用《谈谈方法》中的话来说）"不会为了存在而依赖任何位置或任何物质性的东西"。本章引文给出了笛卡尔关于此种非物质化心灵观的主要论点之一。对此，我们应该做出怎样的现代回应？特别是，这会对科学和宗教造成什么影响？笛卡尔自认为他的观点能够强化宗教信仰，但此处涉及的神学论题并不像乍看上去那么简单直接。就科学角度来看，笛卡尔的二元论一直都是现代物理主义和计算主义心灵理论的批评对象。真的像普遍以为的那样，这些晚近的理论进展使得笛卡尔的观点过时了吗？毕竟，据说我们现在可以在不涉及"灵魂""精神"或其他非物质实体的情况下，解释有关心灵的一切。

　　让我们从最后这个问题开始。对心灵的现代解释通常倾向于预设一种*自然主义*的范式：它们假设了一个完全由物理实体（电子、夸克、恒星、行星、分子、生物体等）构成的宇宙，并将其作为一项基本原则，即我们遭遇到的一切现象仅仅是由这些物质的行为方式所引起的，并且我们无须援引任何超自然或"灵异"（用来形容"灵魂"这类实体的流行贬义词）的学说，就能完全解释这些现象。还有什么比笛卡尔所理解的心灵——一个不占据空间的完全精神化的实体，或者说（正如他在上述引文中所说的）一个"思维着而没有广延的东西"——更"灵异"的呢？

假定存在非物质的灵魂或精神的做法，当然与如今的科学世界观格格不入。但它们是否至少是一种*逻辑上的*可能性呢？即便我们承认，宇宙中的每一个意识事件实际上都依赖于某种物理结构（就像大脑），是不是至少也可以*设想*意识存在于某种非物理的实体中？某些现代哲学家和科学家对此会立即予以否认；对他们来说，心智状态仅仅是大脑或神经系统的物理状态（例如电化学状态）。但另有一些"功能主义者"，他们认为心智属性是更为抽象且组织化的属性。

美国哲学家希拉里·普特南（Hilary Putnam）因倡导这种功能主义的心灵学说闻名于20世纪末。这种观点认为，功能状态是组织状态或计算状态，可以通过彼此之间，以及与感官输入和行为输出之间的因果关联来加以辨别。通过将事物保持在这种形式化、组织化的水平上，并抽离其物理细节，普特南承认疼痛这类状态或许可以在许多不同类型的生物结构中实现，前提是这类结构在生物电路中发挥了适当的因果作用；普特南以这种方式定义了疼痛状态。举例来说，当一个生物体的感官输入向身体发出伤害信号时，这些感官输入在生物体的"偏好功能"中具有很高的负值；换句话说，这一情境中的个体（可能是人类或者动物，甚至是硅基生命）是以格外注意避免有害刺激的方式组织起来的。

这里的基本思想是，一种好的心灵理论对于能够准确实现生物体所需组织状态的物理方式而言，应该足够*中立*。来自另一个星系的外星人与我们这些碳基生命形式相比，可能

p.56

拥有截然不同的身体，但如果它是恰当组织起来的，能够以正确的方式处理信息，它就仍然应该被看作思维着的——或是看作正在享受，抑或身处痛苦之中，又或者是其他什么。实际上，功能主义者针对系统如何实现所抱有的中立态度，让他们的方法无法排除如下可能，即一种心智状态可以通过"一个由身体和'灵魂'构成的系统"来实现。[引文摘自普特南的论文《心智状态的本质》（The Nature of Mental States），详见书后拓展阅读。]因此确切来说，功能主义（尽管明显受到了现代计算机科学的启发）与笛卡尔二元论并不相悖。在功能主义者看来，如果最终证明灵魂一类事物存在，它们当然够格成为真正的意识实体，前提是它们能够正确处理信息。

对现代心灵哲学的附带讨论意在指出，尽管许多当代理论家无疑会坚持认为，我们所处世界中的一切事物实际上都是物理的，但他们对心灵的定义并没有绝对排除非物理的精神实体存在的可能性。非物理的心灵至少是可以设想的。笛卡尔在我们所引段落中想申明的是：*非物理心灵的逻辑可能性*。他的论证是，至少一个全能的上帝（根据定义，他能做一切逻辑上可能，或者说"可以清楚明晰地设想"的事情）能够创造出一个与身体截然不同的心灵。因此正如我们现在会说的那样，身体与心灵的区分至少具备理论上的可能性。仅此一点，在笛卡尔看来，就足以表明心灵和身体实际上是截然不同的。

p.57

如此一来，就不能像一些现代评论者所以为的那样，将笛卡尔的立场当作完全过时的观点，可以随意打发。尽管如此，我们仍要为他的观点——心灵真的可以被清楚明晰地设想为与身体相区别——提供论证。糟糕的是，笛卡尔自己提供的一个论证是无效的。我认为我能够以某种方式想象一个脱离身体的心灵，或者想象自己在没有身体的情况下"醒来"（参见第3章），仅仅这一事实本身并不足以表明，"我"这个思维着的东西真的可以脱离开身体而存在。

关于心灵和身体的真正区别，我们摘录自"第六沉思"的引文提供了进一步的论证：心灵似乎是完全不可分割的，而身体总是可以分割的。这与笛卡尔的物理世界观念一脉相承，按照定义，物理世界是"广延的"且可量化的（参见第1章）。任何一块物质，任何占据空间的东西，无论其多么渺小，都可以分割成部分。然而心灵似乎不能以这种方式分割成部分。

这一"分割论证"似乎也并非定论。首先，有人会说，笛卡尔所谓的"心灵或我自身"，是可以分割的。在精神分析的传统中，西格蒙德·弗洛伊德及其众多追随者通常认为，意识的某些部分可以分离出来，暂时或永久地成为禁区。其次，当我们提出如下问题时要十分谨慎：承载意识的主体或实体是什么？被设想为*正在思维*的是什么？笛卡尔认为自己确证了承载意识的是非物质的精神实体，是某种不占据空间，因此也不可分割的东西。但是如果承载意识的是完整的人（例如亚里士多德，还有许多现代心灵哲学家的观点），那么心灵就根本不是一种实体。更准确地说，尽管"心灵"从语法上看是一个名词，但它实际指的是一种*性质*或*属性*——就像消化或者任何其他功能一样，它不会也不能"凭借自身"而存在。"心灵"一词看似是名词，但它实则应该被理解为一个形容词：心智功能只有作为整个人——有血有肉的人，或是笛卡尔，或是随便某个人——的一种属性或活动才能发生。因此，笛卡尔无法在他的意识自我中区分出任意部分，这仍旧不一定表明我们所讨论的"自我"实际上是一种"凭借自身"而独立存在的实体。

p.58

我们现在正深入相当玄妙的形而上学领域；不过以上的简短讨论或许足以表明，笛卡尔的说法，即他是一个与身体截然不同的不可分割的精神实体，至少是一种复杂艰涩的说法，会带来各种难以预料的后果。笛卡尔的论证无疑充满争议，问题重重，有许多面向值得质疑并深究。但无论你用何种方式来解读，都无法忽视它们。

笛卡尔的身心二元论具有什么样的神学含义？很多人一开始可能会倾向于认为，为了理解基督教有关来生的教义，必须相信非物质灵魂的存在；确实，在笛卡尔将《第一哲学沉思集》致献给索邦神学院的信中，他也将自己描述成基督教信仰捍卫者中的一员。不过，明确断言心灵或灵魂的非物质本性，这背后的宗教含义事实上并非那么显而易见。《使徒信经》谈到了来生，还有"永生"，但指的是"肉身复活"；其中不包括任何有关（笛卡尔式的）非物质灵魂存在的说法。更重要的是，如果你开始思考是什么令你成为你，并抽离掉所有取决于身体本性的属性，那么最终，你所剩下的一切都会显得单薄脆弱，不足以承载下一世中降临的真实存在。一旦你的"存在"从你独特的位置或视角中被抽离出来，剥夺了特定的身体感受和视觉、听觉、触觉，你的"情境性"（situatedness）从你生活其中的日常身体环境中移置出来，你的"存在"是否还能够拥有任何真正的个体特征？那些追求永生的人仅仅依赖于笛卡尔式的非物质实体的存续，这种做法未必明智。

p.59

尽管笛卡尔时常被指责将我们化简为仅仅是非物质的灵魂或"幽灵"，但他的确也认同人类的概念必定与身体紧密相关。可以肯定的是，正式的笛卡尔身心二元论的确主张，鉴于我只是一个"思维着却没有广延的东西"，便可以抛开任何身体概念来考量；但当考虑到我是一个人类，事情就全然不同了。在本章引文的最后一段，身体并不像之前那样仅仅被刻画成一个额外选项，只是幽灵般的心灵碰巧寓居其中的机械或器械装置，而是某种与我紧密结合的东西，以至于"我和身体如同一体"。

我不仅仅"像个水手出现在船上那样出现在我的身体里"。这个隐喻（可以追溯至亚里士多德）有点古怪；笛卡尔说我们与身体的关系并非如此，这话到底是什么意思？设想一下，你仅仅是以一种纯粹理性或"信息化"的方式，注意到身体遭受了伤害，就好像飞行员通过仔细查看油耗或热功率的电脑计算数据，观察到引擎出了问题。我们完全可以想象出一幕科幻场景，里面的外星生物通过上述方式检测他们的身体状况。但对我们人类而言，事情当然不是这样的。我们*能够*以这种方式纯粹从理智上观测到身体损伤——或许就像一位糖尿病患者使用特殊的检测仪器或是通过血样分析，观测到自己的胰岛素或血糖水平那样。但是在大多数情况下，我们以更简单、生动、直接的方式觉察到身体伤害。如果有人开始锯你的腿，你不会只是观测到伤害，或仅仅从认知上理解这件事，你会拥有一种直接的确凿无疑的感觉——*疼痛*。对笛卡尔来说，感觉是我们人类作为*本质上的具身性存在*（embodied beings），所拥有的特殊标志之一。

7

人　类

p.60

　　当你说人类是一种"偶然的结合体"，我便知道你说的是人人都接受的那套说法，那便是人是由两样完全不同的事物组合而成的。不过"偶然的结合体"这个说法在经院学者那里并不是这么用的。所以……无论什么场合，是公开还是私下里，你都应该表明自己相信人本身就是一个真实的实体，而不是一种偶然的结合体，而且心灵以一种真实且实质性的方式与身体相结合。你必须说它们是结合的……通过一种真正的结合方式，如同所有人都认同的那样，即便没有人对此给出解释，所以你也不需要解释。不过，你也可以解释一下，就像我在《第一哲学沉思集》里那样，提出说，我们认为像疼痛这类感觉并不是与身体相区别的心灵里面的纯粹思想，而是与身体真实结合在一起的心灵里的令人困惑的感觉。因为如果一位天使进入到一具人类的身体里，它不会像我们那样拥有感觉，而只会感知到由外部事物引起的运动，在这一方面来看，它不同于真正的人类。

《致雷吉乌斯的信》（*Letter to Regius*，1642年1月）

（AT Ⅲ 491；CSMK 206）

p.61

我当真要说，殿下提出的问题（即灵魂仅仅作为一个思考着的实体，如何能够作用于神经和肌肉，从而引起身体的行动），在我看来，鉴于我已经发表的那些著作，由我来回答是再合适不过了。关于人类灵魂存在两项事实，我们有关灵魂本性的一切知识都建立在这两项事实之上。第一项是灵魂思考，第二项是与身体相结合，灵魂能够作用于身体，身体也能作用于灵魂。关于第二项事实，我几乎没有说过什么；我只是尝试着让第一项事实更容易理解。因为我的主要目的是证实灵魂和身体之间的区别，对此而言，只有第一项事实是有用的，第二项事实兴许还是有害的。不过鉴于殿下聪以知远，明以察微，我现在就试着解释自己如何思考灵魂与身体的结合，以及灵魂如何拥有挪移身体的力量……

仔细考量身体，我们仅仅拥有广延的概念，其中涉及形状和运动的概念；而考量灵魂本身，我们仅仅拥有思想的概念，其中包括对理智的感知以及意志的趋向。最后，将灵魂和身体放到一起考量，我们仅仅拥有两者相结合的概念，在此基础上，我们有了灵魂能够挪移身体的概念，以及身体能够作用于灵魂引起感觉和激情的概念……

　　因此存在着三种基本观念或概念，每一种都以适合其自身的方式为人所知晓……灵魂唯独通过纯粹的理性来构想；身体（亦即广延、形状和运动）同样也只能经由理性来认识，但最好是由想象力来辅助理性；最后，归属于灵魂和身体相结合的东西，用理性只能模糊地了解，辅以想象力也无济于事，但能通过感觉得到明确的认识……形而上学思想锻炼了纯粹的理性，有助于我们熟悉灵魂的概念；研究数学，通过思考形状和运动锻炼了想象力，使我们惯于形成截然不同的身体概念。但正是日常的生活与交流，以及避免陷入沉思……教会了我们如何构想灵魂与身体的结合。

<p.62>

《致伊丽莎白的信》

（*Letters to Elizabeth*，1643年5月21日，6月28日）

（AT Ⅲ 664-5 & 691；CSMK 217-18 & 226-7）

笛卡尔二元论在20世纪遭到了英国哲学家吉尔伯特·赖尔的污名化，后者斥其为"机器中的幽灵"；在赖尔的阐释中，笛卡尔认为人类是神秘地寄宿在机械化身体中的没有形体的灵魂。然而，笛卡尔自己坚持认为，人类由心灵和身体构成，是真正的"实质性的结合"。笛卡尔所说的这个概念究竟是什么意思？本章引文摘录自笛卡尔与众多哲学通信者中的两位的信件，为我们了解"笛卡尔式人类学"——笛卡尔构想人类本性的方式——提供了有趣的视角。我们发现，按照笛卡尔的看法，我们的感觉和情感形成了一个独立的范畴，包含着*不可还原的心理物理属性*，一方面不能被划归为纯粹的精神事件，另一方面也不能划归为纯粹的生理反应。因此，笛卡尔有关人的理论比现时代对他的漫画式解读要复杂微妙得多。

让我们从笛卡尔对雷吉乌斯的评论开始说起。亨里库斯·雷吉乌斯（Henricus Regius，或称 Henri Le Roy）是笛卡尔物理学和生理学思想的热情拥趸，于1638年被任命为乌德勒支大学医学系主任。他对笛卡尔思想的拥护导致了他与同僚，神学系主任吉贝尔图斯·沃修斯（Gisbertus Voetius）的激烈争论，后者是笛卡尔思想体系的坚定反对者；引文中的笛卡尔多少透露出一丝焦虑的口吻，这反映出他担心雷吉乌斯对自己思想的宣扬过度简化而又咄咄逼人，会让他卷入无休止的神学论战中。

正统的经院哲学立场建立在阿奎那定立的原则基础之

上，坚持人的*统一性*：用哲学术语来说，人是存在者本身
（ens per se），即由其自身而存在的真正的实体或存在物。与
之相对，心灵或者说灵魂（阿奎那论证过）仅仅是一种"不
完全的实体"——是完整的人的一部分，并且即便在死后仍
旧在本质上是缺失的，因为依其本性，心灵或灵魂依然"适
合于"与身体相结合。笛卡尔的二元论思想似乎与此相反，
认为有意识的心理或灵魂（在此类语境中他互换着使用这两
个术语）是完全独立的实体，可以说仅仅是*碰巧*拥有一具身
体，没有身体也全然无恙。雷吉乌斯用他过度热切的标志性
口吻，将这一笛卡尔式的观点鼓吹成如下教条，即人类仅仅
是一个"偶然的结合体"——用哲学术语来说，是一个偶性
的存在者（ens per accidens）。

　　我们现在看来，这个术语或许很玄奥，但雷吉乌斯对笛
卡尔的阐释与吉尔伯特·赖尔的阐释相去不远。宣称人类是
"偶然的结合体"就相当于主张在笛卡尔看来，我只不过是
机器中的一个幽灵，一个碰巧寓居在身体性结构中的非物质
的灵魂。笛卡尔的同时代人，博学多闻的安托万·阿尔诺
（Antoine Arnauld）很早就发觉了这个问题，并在 1641 年与
笛卡尔《第一哲学沉思集》同时发表的文辞优雅的《第四组
反驳》（Fourth Set of Objections）中提了出来。阿尔诺在
《第四组反驳》中写道，似乎：

　　　　（笛卡尔的）论证……把我们带回到了柏拉

图式的观点上来……即任何物体性的东西都不属于我们的本质，因此人仅仅是一种理性灵魂，而身体只是承载灵魂的载具——这种观点把人定义为一个役使身体的灵魂（anima corpore utens）。（AT Ⅶ 203；CSM Ⅱ 143）

p.64

阿尔诺在这里引述的柏拉图，毫无疑问是坚定的灵魂—身体二元论者；有趣的是，笛卡尔未跟随其公认的智识导师奥古斯丁（自身受到柏拉图的极大影响）将人定义为"役使着终有一死的尘世身体的理性灵魂"[《论大公教会的生活之道》（De moribus ecclesiae catholicae），公元 387/9 年，1.27.52]。

在回应阿尔诺时，笛卡尔坚决反驳了对自己观点的柏拉图式阐释，就好像（我们可以想象）如果他活到今天，也一定会否认赖尔的"机器中的幽灵"标签一样。尽管心灵或者说灵魂具有独特的本性，但笛卡尔依旧想要坚持人实际上是一个统一的实体，是存在者本身，而不仅仅是偶性的存在者：心灵和身体通过"一种真正的结合方式"，"以一种真实且实质性的方式"相结合。如果一个天使（亦即一个不具身形的灵魂）进入到一具人类身体中，"它不会像我们那样拥有感觉，而只会感知到由外部事物引起的运动，在这一方面来看，它不同于真正的人类"。对笛卡尔来说，真正的人类——他在别处称之为 le vrai homme（真正的人）——是切切实实肉身化的，也就是说，本质上是有血有肉的具身性受造物——情绪、感觉和情感这些独特的人类能力便是其最明确的标志。

不过笛卡尔能同时坚持两种看法吗？如果他自认为掌握了论据，能够建立起心灵和身体之间的明确*区别*，他又如何同时主张两者的*结合*？在我们第二段引用的致伊丽莎白公主的信中，笛卡尔尝试着解决这个问题。伊丽莎白曾是波希米亚公主，但被流放到了荷兰（笛卡尔成年后的大部分时间都居住在这里）。她是笛卡尔最敏锐的批评者之一，两人的著名通信中有几封便包含有关于身心关系问题的讨论。

在对伊丽莎白解释自己的思想时，笛卡尔描述的不是两种，而是*三种*基本概念：灵魂，身体，以及第三种，两者的结合。前两者是通过理性来认识的，但第三个概念是通过日常经验来认识的。因此，尽管理性化的哲学思维在心灵和身体之间建起了藩篱，但正是每一天的感觉经验向我们显示了两者的结合。这也和笛卡尔向雷吉乌斯指出的观点相关：我们经由自己的感觉知道，我们不是纯粹的理性，不是寓居在身体里的天使；因为我们意识到自己身体状态的方式（例如通过疼痛或是饥饿）具有直接和即时的特点，即（用现代哲学家的话来说）一种"现象学"特征，这对理性分析形成了挑战，使得问题必定不仅限于纯粹的理性意识。

有人可能会在这一点上提出反驳，认为笛卡尔陷入了自相矛盾之中。如果得自日常经验的外部和内部感官证据证实了某些短暂的身心混杂或身心结合，那么理应在心灵和身体之间建立明确区分的理性论证就必定存在某些缺陷。这仍旧是在主张，笛卡尔不可能两者兼顾。或者换一种说法，为了确保人类真实结合体的地位，笛卡尔难道不是承认了存在某种神秘的，无法通过他正式的二元论论证得到完全解释的东西吗？

在笛卡尔成长起来的宗教文化的基础性叙事中，精神与物质两者关系的一种非常特殊的表现形式，已然笼罩在了神秘之中。上帝，即至高无上的、永恒的、非物质的精神，在耶稣基督那里取得了肉身。人们并不主张道成肉身（the Incarnation）可以得到理性上的透彻理解；恰恰相反，人们普遍认为这是"伟大而非凡的奇迹"（magnum mysterium）。笛卡尔本人在笔记本中记录下了对这一问题的思考（这本笔记本是他23岁那次意义重大的欧洲之旅后留下的）："神创造了三个奇迹：无中生有，自由意志，以及神人合一。"（AT X 218；CSM I 5）在这里，道成肉身，即上帝具备身形，与神秘的创世形成了有趣的对比，在创世中，上帝从无到有（ex nihilo），把一些物质性的东西带入了存在。因此，上帝与其物质性创造之间的关系，以及随后上帝以身体形式进入其创造物，成为基督教信仰中的核心奥秘，年轻的笛卡尔在刚刚步入成年的关键时期，对此倾注了大量思考。很久以后，在"第六沉思"中，笛卡尔着手探索一种更为常见和世俗的精神—物质关系——它在我们人类身处物质环境的日常经验中

p.66

的种种表现形式，以及——更加触手可及的——我们每个人都拥有的与"凭借某种特殊的权利我称之为'我的'身体"的关系（AT Ⅶ 76；CSM Ⅱ 52）。

因此对笛卡尔来说，人类境况中仍有某些东西是神秘的，或者说至少不是哲学分析能够完全理解的。不过，他向伊丽莎白公主说明的"三种基本概念"仍旧具有某种吸引力，前提是我们能够调和这一"三元论"（姑且这么说）和他在正式的论证中所坚持的身心二元论。

理解笛卡尔所坚持的*第三种*基本概念（在身体和心灵的概念之外存在心灵—身体结合的概念）的方式之一，是视其为*属性*术语。从本质上讲，只存在两种东西——心灵和身体；这是标准的二元论主张。但笛卡尔还告诉我们，实际上，人类，即心灵—身体的复合体，本身就是各种独特的、不可还原的*属性*或*性质*的承担者。在这种意义上，我们或许可以说，水是一种"基本"概念，也就是说，水不仅仅是混合物，而是一种真正的化合物，具有"自身的"属性（无法被还原成构成水的氢和氧的性质的"水性"的独特特征）。或者，正如笛卡尔在《哲学原理》中所说，尽管他承认只有"两类最基本的事物"，即思想的事物和广延的事物，但从这两者的紧密结合中产生的欲望、激情和感觉，是"必定不单单归于心灵也不单单归于身体"的东西[《哲学原理》（1644），第一部分，第48段]。

正如水的"水性"性质（例如10摄氏度的水具有流动

性，或者喝起来的舒适感）并不会单独出现在氢的性质和氧的性质中，我们的身体感觉（饥饿、干渴、愉悦、痛苦等）也不会出现在所有的思想（理解、意愿等）或是广延样式（大小、性质等）中。我们的感受和激情，是我们作为人类必然拥有的身体状态的标志，正如氢和氧一旦结合到一起就会产生水的性质，当心灵和身体相结合便会产生上述这些性质。在每种情况下都有且只有两种实体（心灵和身体，或者氢和氧）；尽管如此，我们却可以完全融贯地说（事实也是如此），当两者构成一种"真正的结合"，就会出现第三种独特且不可还原的性质。

笛卡尔对人类特殊本性的理解暗含着重要的道德含义。希腊人先前发展出的伦理体系往往带有一种"理性中心主义"的偏颇，导致把理性规划的生活计划应用到人类情绪和情感的暧昧领域时会出现很多问题。笛卡尔式的科学模型起先似乎更为理性中心主义，将世界视为一个抽象的、由数学秩序引导的"运动中的广延物"体系，并且把这一体系中的人类沉思者理解为纯粹思考的东西，脱离于广延物的世界，甚至也与自己身体的物理构造格格不入。然而，笛卡尔独特的"人类学"把人描述为一个真正的结合体，便将所有这一切都放置到了全然不同的焦点之下。尽管理性分析揭示了广延物质和非物质意识两者构成的严格的二元论，但我们作为人类的日常经验提供了一个完全不同的视角——心灵和身体的"实质性的结合"。与驾驶员操控一架陌生的身体机器完全不同，我们每一个人都会发觉身体的运行处于你我的切身感受之中，不断编织着一幅由感觉和情感构成的生动的人类画卷。而对这些感受的排序和调整，以及适度地享受其中，将是构成人类良好生活的基本要素。

p.68　　于是，伦理学便有了自身独特的对象——既不能通过物理学的数学化描述得到充分领会，也无法经由心灵的纯粹理性的、意志化的运行来完全把握，在此意义上，这一对象是不可还原的。为了理解是什么让我们成为完整而独特的人，我们就必须抛开思想和广延这些理性分析范畴，专注于情感维度，后者塑造了我们作为有血有肉的生物所拥有的日常经验。

8

动物世界

　　我无法认同蒙田和其他人把知性和思想赋予动物的观点。我并非担心人们常说的人类对所有其他动物拥有绝对的支配权；因为我认可它们中的一些比我们强壮，而且我也相信可能有一些动物天生拥有突出的欺骗能力，能够蒙蔽最精明的人。但我认为它们只是在那些不以我们的思想为指引的行为上，模仿并超过了我们。我们在走路或者吃饭时经常根本不会思考自己在做什么；同样，无须动用理性，我们会拒斥于己有害的事物，也会闪避迎面而来的攻击。实际上，即便我们跌倒时刻意不想把手挡在面前，也无法阻止自己这么做。我还认为，如果我们不用付诸思考，那么我们无须学习就能够行走，就像动物所做的那样；据说那些梦游者有时会横越河流，而清醒时他们可能会溺水。对于发自我们的激情所做的运动来说，即使出于我们拥有思考能力的原因，它们在我们这里总是伴随着思想一同出现，然而显而易见的是，它们并不依赖于思想，因为它们常常无视我们而贸然发生。由此，它们也可能发生在动物身上，甚至比在人类身上更为强烈，而我们无须就此得出结论，认为动物拥有思想。

事实上，我们的任何外部行为都无法向检视它们的人表明，我们的身体不只是一个自发运动着的机器，在言语表达或是其他不借助激情表现且涉及特定主题的示意标志之外，其实还包含着具有思想的灵魂。我说"言语表达或其他示意标志"，是因为聋哑人比划出手势就如同我们说出语词；并且我说这些示意标志必须有所指，是为了排除鹦鹉学舌的情况；不必排除疯子的话，因为即使不遵循理性，这些话仍然涉及特定的主题。我还补充说这些言语或示意标志绝不能表现任何激情，不仅是为了把喜悦或悲伤的呼号以及类似的东西排除在外，也是想要排除任何可以通过训练教给动物的东西。如果你教一只喜鹊在女主人走近时向她问好，只有把语词的发音转变成喜鹊对某种激情的表达，才能教会它。例如总是在它开口时给予小奖励，就是把语词转变成对进

p.70

食期待的表达。同样，教给狗、马和猴子的所有把戏，也只不过是对它们的害怕、期待或高兴等激情的表达；因此它们能够不假思索地进行表演。现在令我感到震惊的是，此番定义下的对语词的运用，是人类所独有的。蒙田和沙朗或许会说，人与人之间的差异要远远超过人与动物之间的差异；但是我们从未听闻，有哪只动物完满到只靠示意标志就能让其他同类了解它的意思，而丝毫不牵涉到激情；也没有哪个人类不完满到做不到这些，因为即便聋哑人也发明了专门的手势来表达他们的思想。这对我来说就是强有力的证据，能够证明动物之所以不像我们那样说话，并不是因为它们缺少器官，而是因为它们缺乏思想。并不能说动物之间能够互相交流而我们无法理解它们；因为狗和其他一些动物也会向我们表露激情，如果它们有任何思想的话，同样也会向我们表达。

p.71 我知道动物在很多事情上比我们做得更好，但这并不会让我感到惊讶。这甚至可以用来证明动物的行为是天生的、机械的，就好像钟表在报时上比我们自己的判断更准确。毫无疑问的是到了春天，燕子就会如同钟表运转那样飞临大地。蜜蜂的行为也出于同样的本性；翱翔的鹤、打斗的猿遵循的也是同样的准则，如果它们确实有所遵循的话。动物掩埋死亡同类的本能也并不稀奇，这和猫狗扒拉泥土掩埋排泄物是一样的；它们几乎不会埋实，这说明它们的行为仅仅出于本能，而不带有思考。人们至多可以说，尽管动物做出的行为没有向我们表明它们在思考，但由于动物的身体器官同我们的差别不大，所以仍然可以推想，和我们人类的自身经验相同，动物的这些器官上也附带有某些思想，只是程度上极不完善。对于这种说法，我没有太多的回应，只是指出一点，如果动物像我们一样思考，它们就会像我们一样拥有不朽的灵魂。而这不太可能，因为没有理由认为只有某些动物而非全部动物都拥有灵魂，但是有许多动物缺陷过多，比如牡蛎和海绵，使得上述看法无法取信于人。

摘自致纽卡斯尔侯爵的信（1646年11月23日）

（AT IV 573-6；CSMK 302-4）

笛卡尔和他的许多信徒几乎毫无保留地认同将动物解剖用于进一步的医学和生理学研究。一种标准的现代解释认为，这种做法得到了笛卡尔的所谓"动物机器"（bête machine）学说的支持——认为非人的动物只是机械性的自动机，缺乏任何类型的意识感觉。然而，现代概念意义上的自动机（粗略地说就是无生命的"机器人"）与17世纪的流行观念差别很大。如果我们仔细阅读本章的引文便会看到，笛卡尔的立场远比当今批评者倾向于以为的要微妙。

p.72非人动物是笛卡尔在科学方面的长期兴趣之一，可以追溯到他住在阿姆斯特丹阿尔弗尔大街（肉铺）的时候；他会定期预购牛犊躯体，带回家里用作解剖。后来，在钻研血液循环问题时，笛卡尔在狗和兔子身上进行解剖。笛卡尔的许多信徒也会做动物解剖，他们认为遭到解剖的动物发出的厉声尖叫，并不比按下某个琴键时教堂管风琴发出的某一特定声响具有更多含义，这或许能够减轻他们感受到的伦理上的顾忌（参见AT Ⅸ 165；CSM I 104）。

然而，关于非人动物是否拥有感觉或激情，笛卡尔深思熟虑后的态度其实相当复杂。上述引文信件探讨的主要问题是，动物是否思考——我们是否应该把判断和慎思等能力归于它们。笛卡尔十分正确地指出，燕子在春天飞临，不应该归因于任何思考，而是某种更加"天生/自然"和"机械"的事情。[有关笛卡尔的前辈与同胞米歇尔·德·蒙田的对立观点（笛卡尔在此所针对的），可以对比阅读蒙田的《雷蒙·塞邦赞》（An Apology for Raymond Sebond），参见蒙田的《随笔集》（*Essais*，1580，Ⅱ 12）。]

在上述段落的后面，笛卡尔继而考虑他的反对者可能会提出的论证：既然动物的身体与我们的十分相近，某些简单的思想难道不可能"附带在这些器官上"吗？笛卡尔反驳了这一论证，理由是如果器官相似性能够作为思想可能存在的理由，那么就能以此为由，把"理性灵魂"赋予所有动物："没有理由认为只有某些动物而非全部动物都拥有灵魂，但是有许多动物缺陷过多，比如牡蛎和海绵，使得上述看法无法取信于人。"这听上去有点混淆，笛卡尔的反对者当然可以否认牡蛎和海绵在相关方面具有解剖学上的相似性，以此反击笛卡尔论述中隐含的滑坡谬误①。事实上，笛卡尔在这里有点故意使坏，因为他很清楚仅仅以反射方式行动的生物和具备更复杂行为能力的生物之间的区别。他在别处讨论了相当高级的动物行为，比如羊看见狼之后逃跑（AT Ⅶ 230；CSM Ⅰ 161）。针对这种复杂行为，笛卡尔再次指出，无须假定其中存在思想；这只是动物（事实上也经常包括人类）"自动"参与的种类繁多的活动中的一部分，举例而言，其中包括"通过外部感觉器官接收到光亮、声响、气味、味道、热以及其他性质，将这些性质的观念印刻进……想象器官，在记忆中保留或加深这些观念，欲望和激情的内部运动，最后所有肢体恰当遵照呈现给感官的动作和物体，还有在记忆中发现的激情和印象，形成外部运动"（AT Ⅺ 202；

---

① 　　滑坡谬误（slipperyslope）是一种逻辑谬误，即在一连串的因果推论中，过分夸大每个环节的因果强度，把"可能性"变成了"必然性"，最终得出不合理的结论。"上纲上线"即是一种典型的滑坡谬误。——译者注

CSM I 108）。动物和我们一样，也会处理信息；它们从过往经验中取得教训；它们通过视觉和听觉警惕捕食者的存在；它们逃跑；但这一切都不需要思想或理性。

到目前为止都没有问题；但如果一切动物行为在此意义上都是自动的，不就意味着动物仅仅是僵尸①，缺乏任何激情或感觉？简单来说，答案是否定的。许多批评者指斥笛卡尔把动物贬低到了自动机的地位，这其实过度简化了笛卡尔的思想。在17世纪的用法中，"自动机"（automaton）仅指"*自己移动*"的东西——也就是某种可以根据内部原理或器官组织，而不需要外界推动就能开始运动的东西。笛卡尔的立场只是表明，对动物行为的解释完全得自错综复杂的内部器官的组织结构与功能，而无须涉及任何外部操纵者，也不需要假定一个"理性灵魂"——在人类这里发现的思想过程。我认为很多人在思考过后，都不会反对上述观点。

p.74 在评价笛卡尔对动物的看法时，我们需要谨记，从底层结构的角度对一种现象进行科学*解释*，不必*消解*待解释的现象，也不必将其还原为"仅仅是"底层结构的运作。如果我用神经中流贯的精气（像笛卡尔所做的那样）来解释我的狗或猫表现出来的恼怒和恐惧，或者进一步通过更加复杂的电脉冲和激素分泌器官（像现代生物学家所做的那样）来解

———————————————————

① 　当代心灵哲学中的僵尸（Zombie）概念指的是无法区分出与人类的外部差别，但内里缺乏主观意识和感受能力的生物，也称为"哲学僵尸"（P-Zombie）。——译者注

释，都不能否认原先说法的真实性——"菲多生气了"或者"菲利克斯被吓到了"。这种解释不需要把菲多或菲利克斯"贬低"到僵尸的状态，就好比我用分子结构来解释药性时，并没有否认药物真实的治疗功效，或者以某种方式把它"贬低"为伪药物，"仅仅是"一堆化学物质。

即便不涉及思考和推理的能力，即使看似"深思熟虑"的活动实际上完全由自动化的子程序完成，仍然存在着大量的信息处理过程，反过来要求有一个神经中枢用来处理来自身体的信息。笛卡尔的动物解剖往往聚焦于从四肢到大脑，以及从大脑返回到肌肉的复杂神经通路。我们在缺少意识指引的情况下能够完成近乎奇迹般复杂的事情——这点同样适用于动物王国中的其他生物——这就显示了自然界里纯粹"机械的"过程能够达到何等复杂程度，以及由此产生的现象在多大程度上超出了那些人类工匠制造出来的伐木机器的能力范围。够格成为"上帝之手制造"的机器（笛卡尔在《谈谈方法》中如此描述人类和动物的身体）是值得敬畏和赞叹的。

但要如何看待感觉呢？我们已经了解到，笛卡尔认为人类的感觉源自灵魂和身体的"结合"或"混合"。而尽管动物可能拥有和我们一样复杂的神经系统，使得它们有能力处理信息，参与觅食、避险等复杂行为，但它们缺少理性灵魂。那么如何看待它们的感觉呢？同样，笛卡尔的标准解释是，他不认为动物能够产生任何感觉：它们仅仅是机器人或

p.75

僵尸。但如果我们回看上述引文段落，笛卡尔的立场又一次显得没那么武断了。首先在第一段里，笛卡尔明确表示，动物的激情"甚至比在人类身上更为强烈"。更进一步，他探讨了动物可以得到训练的事实。怎么训练呢？通过奖励与惩罚：如果你教一只喜鹊在女主人走近时向她问好，"只有把语词的发音转变成喜鹊*对某种激情的表达*，才能教会它"。例如，如果在它说出这个词时总是给予奖励，就能把语词转变成对"进食期待"的表达。笛卡尔继续说道，教给狗、马和猴子的所有把戏，"*也只不过是对它们的害怕、期待或高兴等激情的表达*"。

那么，在笛卡尔看来，动物似乎*确实*具有饥饿、害怕、期待、高兴等感觉。诚然，这些都是笛卡尔认为可以从复杂的生理学角度来解释的现象；但正如我们所见，*解释*并不意味着*消解*或否认。

然而，对于非理性的存在来说，饥饿或害怕会是什么？这是那些对意识感兴趣的现代哲学家不断提出的问题。他们探讨意识的"主观的"或是"定性的"或是"现象学的"维度——以及闻咖啡、品尝巧克力或用荆棘挠脚会是什么？美国当代哲学家托马斯·内格尔（Thomas Nagel）在一篇著名论文中问道："成为一只蝙蝠会是什么样"？（他选择蝙蝠是因为它们拥有一种特殊的感知方式——回声定位，使其能在飞行中进行导航，而我们人类无法切实想象或体验这一能力。）内格尔得出的结论是，意识具有一种特定的、主观的特征，仅仅依靠对有机体的生理学或信息处理机制进行"外部的"科学检验是无法发现的。

笛卡尔没有提出过这类问题。他的确曾经把饥饿说成胃里面的"莫名拉扯"（"第六沉思"），这个说法表明他确实感知到了一种神秘的"内在"性质，一种类似于饥饿的激情或感觉。但笛卡尔身为一名科学家，更想对复杂动物行为的神经基础、结构基础和行为基础做深入研究，而不是猜测其"内在"维度。我们或许可以说，这是他哲学方法的某种缺陷（尽管绝不是每个哲学家都会认同）。但我们不应该从现代的、内格尔式的主观主义视角出发，来解读笛卡尔对动物的看法，并且仅仅因为他作为一名科学家更加看重动物神经学和生理学，就指斥他把动物视为僵尸。

笛卡尔自己养了一条狗，取名叫作"格拉先生"：这个拟人化的名字至少表明，笛卡尔必定与它维系着某种感情。因此，这便造成了历史上的讽刺一幕，即笛卡尔的"动物机器"学说经常被用来作为立论基础，将猫狗仅仅是"机器物"的残酷无情的观念归咎于他。不得不说，在尊重动物王国中的其他生物这件事情上，哲学家的纪录并不是特别鼓舞人。伊曼努尔·康德能够为动物所做的最好的事，也不过是论证那些虐待动物的人是不道德的，因为他们同样也会虐待人[《伦理学讲座》（*Lectures on Ethics*，1775—80），第二部分，第 ix 节]。杰里米·边沁的功利主义计算不允许动物拥有任何权利，因此引来恶名；用功利主义旗手彼得·辛格

（Peter Singer）令人不寒而栗的话来讲，动物是"可替代的"。在这一背景下，笛卡尔能否算作哲学反派，就绝难下什么定论了。但我们可以毫不含糊地说，笛卡尔坚持认为动物不作思考。这到底意味着什么，以及笛卡尔为何抱有这样的看法，将会是下一章的主题。

9

语言与思想

[在我的《论人》(*Treatise on Man*) 中]我揭示出，人体的神经和肌肉必须保持何种构成才会使得它们内部的动物精气强健到可以驱动肢体——就好比我们看到被割断的头颅尽管已经不是活的却继续乱动并且啃咬地面一样。①我还表明，大脑里必须发生哪些变化才会使人清醒、睡着或做梦；光、声音、气味、味道、热以及关于外在对象的其他性质，如何能够借助感官的中介而将不同的观念印刻在大脑里；饥饿、干渴以及其他内部激情如何也能将它们的观念送至大脑……在那些知道人的技艺可以利用很少的部分

① "动物精气"是笛卡尔假设的一种精细的蒸汽或气体，是传送神经冲动的媒介。

构造出许多种自动机或活动机器的人看来，这些根本就不显得奇怪，相较而言，动物身体里的骨头、肌肉、神经、动脉、静脉和所有其他部分的数量则非常庞大。因为，他们会将这个身体视为由上帝之手制造的机器，相比人设计的任何机器而言无可比拟地合理有序，并且自身中包含的运动也比任何这类机器要奇妙得多。

p.78

我特别花了功夫去表明，如果任何这类机器拥有一只猴子或任何其他无理性动物的器官和外形，我们应该无从知道它们并不完全拥有同于这些动物的本性；相反，如果任何这类机器在外形上与我们的身体非常相似，并且出于各种实际目的尽可能相似地模仿我们的行动，我们应该还有两个非常确定的手段用来辨识它们并不是真正的人。第一，它们永远不可能使用语词，或者组合出其他一些示意标志，就像我们为了向别人宣示自己的思想所做的那样。因为，我们确实可以构想一台如此组构的机器，它能说出语词，甚至能说出与引起器官变化的身体动作相对应的语词（例如，如果你触摸它的某处它就会问你对它有何需要，如果你触摸它的另外一处它就会叫喊着说你弄疼它了，诸如此类）。但是，我们根本无从构想的是，这台机器可以按不同的方式对语词

128

进行排列，从而针对当下所说的任意内容给出一个意义恰当的回答，就像那些最愚蠢的人能够做到的那样。第二，即使这类机器可以做许多事情，和我们做得一样好，也许更好，它们却不可避免地在别的事情上会失败，这就暴露出它们的行动不是出于知识，仅仅只是来自器官的布局。因为，理性是一个在各种场合都可以被利用的普遍工具，而这些器官为了每一种特殊的行动需要某种特殊的布局；因此，为了所有的实际目的，一台机器不可能拥有那么多不同的器官，以便它在生活中所有偶然场合的行动都采取我们的理性让我们采取的方式。

现在，仅仅由这两个方面我们也可以知道人和野兽之间的区别。因为，非常显著的是，没有人如此愚蠢痴呆——甚至包括那些疯子——以至于不会将各种语词排列在一起并形成一句源于他们自己的话，以便他们的思想能够被理解；相反，其他任何动物，无论多么完满多么有天赋，都不可能做类似的事情。这种情况不会出现，并不是因为它们缺少必要的器官；因为我们看见喜鹊和鹦鹉也能像我们一样说出语词，然而它们不能像我们那样说话：也就是说，它们不能表示它们正在思考自己所说的内容。另一方面，有人生来既聋又哑，被剥夺了的说话器官同于甚至超过了野兽，却常常发明出他们自己的示意标志，让自己被那些经常陪伴他们并且有时间去学习他们的语言的人所理解。这就表明，野兽不仅仅是比人拥有更少的理性，它们根本就没有理性。因为很显然，只需要很少的理性就能够说话；既然在同一类动物之间能够观察到的不平等与人类相互之间的不平等一样多，并且有些动物比其他动物更容易接受训练，而猴子或鹦鹉中最优秀的样本都不能像最愚蠢的小孩那样说话——甚至不能像大脑有缺陷的孩子那样说话——那么说它们的灵魂本质上并非与我们的灵魂全然有别，那真是难以置信。

我们不应该把言说混同于表达激情的自然运动以及机器和动物都能模仿的自然运动。我们也不应该像某些古人那样以为，动物也说话，只是我们理解不了它们的语言。因为如果这是真的，那么，既然它们拥有许多与我们的器官相对应的器官，它们就能够让自己既被它们的同伴也被我们所理解。还有一个非常显著的事实，尽管许多动物在它们的某些活动中表现得比我们灵活，然而同样的动物在许多别的活动中却根本没有任何表现；因此，它们做得更好的那些事情并不证明它们拥有任何智性，因为，如果这点能得到证明的话，它们就会比我们中的任何一个更有智性了，并且会在所有事情上都超过我们。这不过证明了，它们根本没有智性，是天性在它们里面按照器官的布局而发挥作用。以同样的方式，一座仅仅包含齿轮和发条的时钟能够计算小时并测量时间，比我们花尽心思计算的要准确得多。

此后，我描述了理性灵魂，并且表明，不同于我已经讨论过的其他东西，它不可能以任何方式源自物质的潜能，而必须被特别地创造出来。

摘录自《谈谈方法》（*Discours de la méthode*, 1637年），第五部分

(AT Ⅵ 55-9；CSM I 139-41)

研究语言一直是众多现代哲学的核心任务，并且就像我们现代世界观的许多方面一样，笛卡尔的观点是这一背景中的重要组成部分。上述引文表明，远在美国当代语言学家诺姆·乔姆斯基提出某些观点之前，笛卡尔就已坚持认为语言输出具有独特的重要性，与其他行为形式不同，语言是将人类和其他动物区别开的关键所在。笛卡尔的核心洞见在于，真正的语言表达与特定的刺激无关；这意味着，根据笛卡尔的看法，在人类的言说与各种非人类动物发出的信号之间，

存在着根本性的差异。

　　把语词视为"示意标志"（如同第8章里笛卡尔的喜鹊一例）似乎会助长这样一种看法，即语言不是一种专属于人类的现象；难道动物发出的声响不是它们欲望和情感的示意标志，表明它们感到害怕或是饥饿吗？然而，笛卡尔在动物表达和真正的言说之间做出了根本性的区分。正如我们在引文段落中所见，在科学研究中，笛卡尔对动物和人类行为的生理基础特别感兴趣，并且认为从机械角度可以对其中大部分现象做出解释——就像时钟的工作原理可以通过检视其齿轮来解释。笛卡尔的表述必定会让许多他的同时代人感到震惊，在我们引用的段落中，笛卡尔提出，从原则上讲，狗或猫的全部行为没有一样不能被人造机器所复制；事实上他甚至还提出，身体（无论是人类的还是动物的）实际上只是一台机器——尽管是一台"由上帝之手制造的"异常复杂的机器。此外笛卡尔也强调，尽管有可能制造出机械化的狗，但我们永远不可能造出机械化的人。 p.81

　　语言是人性中非机械化一面的重要标志，在引文段落中，笛卡尔指出了真正的人类语言所具备的一些关键特征，这些特征使其与动物表达截然不同。语言拥有复杂的综合结构：其组成部分以各种错综复杂的模式结合到一起，构成有意义的命题，并且"无从构想的是……机器可以按不同的方式对语词进行排列，从而针对当下所说的任意内容给出一个意义恰当的回答"。诚然，马戏团里的狗接受训练后，能够根据特定指令发出一连串吠声，或者鸟雀在特定环境中能够自然而然地发出某种声响（例如警告声）；但是笛卡尔认为，实际上，这些都是对给定刺激的模式化反应，而真正的语言是跟刺激无关的。笛卡尔将语言的创造性方面（借此我们能够谈论生活中出现的每一样新生事物）与我们对"理性的普遍工具"的使用联系了起来：换句话说，语言与思想和知性紧密相关。

鉴于我们已经知道自己与高等动物之间有多少共通之处，或许就很难再接受笛卡尔的论点，即语言能力在动物和人类之间划下了一道鸿沟。然而，笛卡尔的论证却不易反驳。考虑到真正的语言输出在多样性和范围上具有无限潜能，因此，它全然有别于有限的动物输出，后者总是与特定的输入刺激密切相关。

笛卡尔在1649年2月5日致剑桥柏拉图主义者亨利·莫尔（Henry More）的信中进一步阐述了自己的观点：

> 在我看来，认定动物缺乏思想的主要理由如下。在单一物种中，一些个体比其余个体更加完满，正如在人类中也是如此。这一点可以在马和狗身上看到，其中一些在学习教授给它们的东西时比其他同伴更出色；并且所有动物通过声音或身体动作，都能轻易向我们传达它们的自然冲动，比如愤怒、害怕、饥饿，等等。然而，尽管

上述这些都是事实，却从未观察到有任何野兽达到了运用真正的言语表达的完满程度，也就是用语词或示意标志来表示只与思想有关的东西，而不涉及自然冲动。此种言语表达是隐藏在身体里的唯一确定的思想迹象。所有的人类对此都运用自如，无论他们可能有多愚昧或是疯狂，甚或失去了舌头和发声器官；但没有任何动物能做到。因此，这一点可以视作人类与动物之间的真实且具体的差异。（AT V 278；CSMK 366）

尽管用了"隐藏在身体里"这一表述，但笛卡尔有关语言的论证（正确理解的话）并不是要论证语言能力如何为一种本质上私人性的过程的出现提供合理证据。他的论证基于对什么是思考的分析——即涉及一种能够回应"生活中出现的每一样新生事物"，无限丰富且无关乎刺激输入的能力：换句话说，从外部角度观察，这一论证基于输入和输出之间的缺口。真正的语言能力——无关乎特定行为刺激，每天造出新句子——原则上不会在完全机械性的自动机那里产生。笛卡尔的论证中没有任何东西将思想描绘成只有主体才能进入的神秘内在过程。

不过，思想"隐藏在身体里"的说法的确召唤出了一个幽灵，现代哲学家轻蔑地称之为"笛卡尔式私人性"——认为思想在本质上是一个隐秘的过程，言说仅仅是其外在标志。我们在第3章里提到过，当代哲学的基调一向极度反对将语言和思想视为主观的或是私人的过程，而有人或许会倾向于把笛卡尔所说的"隐藏"解读为指向某种原则上无法观察到的，只有主体才能进入的东西。但这绝不是"隐藏"一词唯一可能的含义。先于笛卡尔三十多年前，弗朗西斯·培根（我们知道笛卡尔读过他的书）在其《新工具》（*Novum-Organum*，1620）一书中就提出了如下令人信服的观点，即科学家是某些"隐秘"（latens）事物的调查员。培根写道，真正的"人类知识的工作和目标"，是对"隐秘法式"（latens schematismus）的求索；科学家的职责是探索物质的微观过程和结构，两者是一切可观察到的物理现象之行为的原因（第二卷，第一节）。此处的"隐秘"并不暗指任何神秘或私人性的东西：实证科学揭示出来的解释性结构之所以"隐秘"，只是因为它们在宏观层面上不容易被观察到。科学家从对现象的细致观察入手，对可能存在的精微结构进行理论化，这种结构或许能对观察到的现象做出解释，而科学家的最终目标是把最初隐而不彰的东西揭示出来。

毫无疑问，这正是笛卡尔所有科学工作的目标。为了解释磁性、火、心脏跳动、生长、呼吸甚至幻象，还有类似羊逃离狼这类目的性行为（第8章中有所讨论），笛卡尔用肉眼无法观察到的粒子的极其细微的相互作用给出了说明。笛卡尔推论，他称之为"精微物质"的微小粒子间的高速相互作用，即是无法观察到的光形成的原因；螺旋形微粒的盘旋缠绕是磁性的原因；神经气体的气压是人类和动物的反射行为的原因；错综复杂的大脑事件是更为复杂的目标导向的行动的原因。

在推理和语言方面，笛卡尔认为物理学家难以有所作为。至少在《谈谈方法》中，他的确考虑过理性的身体"中介物"的可能性。但他难以设想这样一种中介物在物理上如何实现，部分原因在于*数量和尺寸*——在既定的身体部位中可以容纳多少个适配的组织结构。笛卡尔是一位敏锐的解剖学家，他对大脑和神经系统的解剖揭示了微型组织结构的运作方式，他也认为这具有相当大的解释力。但他投身于发现这些结构所固有的潜在的简约性。大脑中发生的一切都是通过基本的"推拉运作"进行的，原则上与可以在日常宏观世界中观察到的齿轮和操纵杆的运作没有任何不同。构造学（mechanics）的基本法则也是通行于宇宙间的法则（AT Ⅵ 54；CSM Ⅰ 139）。笛卡尔致力于找到一切物理作用的同质化的简化模型，这让他无从设想大脑或神经系统具备产生真正的思想和语言所必需的复杂性。

p.84

由此，笛卡尔不得不假定作为思想之原因的隐秘法式，是某种神秘且不具形体的东西——即"理性灵魂"。不妨推测一下，如果笛卡尔活到今天，会不会放弃自己对负责思想和语言的非物质灵魂的信念。摘录自《谈谈方法》的有关语言的论证，取决于物理构造实际上不可能拥有*足够数量的不同部分*（足够数量的各种器官），来匹配人类对"生活中出现的每一样新生事物"做出的无限宽泛的回应。我们可以认为，现代神经生理学已经对这一特定担忧给出了答案，它揭示出大脑皮层拥有数量惊人的联结多样性，数量估计超过了100亿。

即便如此，笛卡尔或许仍然可以坚持认为，纯粹的物理结构无法产生与真正的语言输出相关的必不可少的可塑性和创造性。然而，情况是复杂的，因为笛卡尔关于物质能或不能做什么的观点，与一种十分粗糙的观念混淆在一起，即物质性的东西只具有几何上的广延，因此在尝试将笛卡尔的论证移置到更加丰富的当代物理学语境中时，必然存在一些猜测的成分。但无论如何，笛卡尔总体上的科学探索，是为了寻找能够解释一切行为现象的隐秘（在培根的正面意义上讲）结构。而由于他在真正的语言和思想这方面，没能构想出胜任的物理结构，便导致他假定了一种非物质实体——理性灵魂——来施行这些功能。考虑到笛卡尔时代的科学状况，他的结论是完全合理的。

笛卡尔的论证是否具有真正的解释力则另当别论。在笛卡尔看来，创造性、创新性和不受特定刺激约束的自由，在机械和物理原理上都是难以解释的，这些现象应该通过假定某种非机械的、非物理的东西来加以解释。但我们仍然不知道（有人可能会反对），这一"理性灵魂"究竟如何能够完成物理结构无法完成的事情。正是这种困扰让许多现代自然主义哲学家拒绝接受任何"灵异的"非物质的心灵观——换言之，神秘且缺乏任何真正的解释力。笛卡尔立场的捍卫者或许会说，尽管如此，他有关语言和思想的论证还是证明了自然主义的局限：有一些典型的人类能力和表现，无法解释为"封闭的"物理系统的输出。此处所涉及的哲学问题既是复杂的，同时也令人着迷，而笛卡尔所开启的争论显然会持续很长一段时间。

10

情感与良好生活

当一条狗看见一只山鹑时，它很自然地倾向于朝它跑去；当它听到开枪时，这个声音很自然地刺激它跑开。虽然如此，猎狗通常却被训练成，看见山鹑就停下来，而后在有人冲山鹑开枪时，它们听见的这个声音却使得它们冲上前去。为了鼓励每个人注意控制自己的激情，知道这些事情是有利的。因为，既然人们用一点小技巧就能够改变那些无理性动物的大脑活动，显然人们能够更有效地在人身上做到这一点。即使那些拥有最孱弱灵魂的人，也能获得对他们一切激情的绝对掌控权，只要我们运用足够的技巧来训练和引导他们。

《灵魂的激情》

(*Les passions de l'âme*，1649年)，第一部分，第50节

(AT XI 370；CSM I 348)

冲击我们感官的物体通过神经移动了我们的一部分大脑，在那里形成褶皱，当物体停止其运作，褶皱就消除了；但此后，褶皱之前所在的地方就会有一种趋势，遇到即便和原本的物体不完全相同的另一个物体，也会以同样的方式再次形成褶皱。例如，当我还是个孩子的时候，我喜欢上了一个同龄的女孩，她的眼睛有点斜视。当我看着她的内斜视眼时，经由视觉在我大脑中形成的印象，逐渐与爱的激情在我体内同时唤起的印象紧密相连，以至于过后很久，每当我见到斜视的人，就会感到一种特别的趋向，要去爱他们，仅仅因为他们有那样一种缺陷。那时，我不知道这便是我爱的原因；实际上，一旦我思考并意识到这是一个缺陷，便不再受其影响了。因此，当我们倾向于在不明缘由的情况下爱上一个人时，我们或许可以认为，这是由于他与我们先前所爱的对象有某些相似之处，尽管我们可能无法辨识出来。

p.87

《致夏尼的信》(*Letter to Chanut*，1647年6月6日)

(AT V 57；CSMK 322)

144

我区分了纯粹知性或理性的爱与激情之爱。在我看来，前者仅仅出于如下事实，即当我们的灵魂感知到某种在场或不在场的善好，并判断这种善好适合自身，它便会有意让自己与它结合，也就是说，它把自身和所涉及的善好视作构成同一个整体的两个部分。那么如果这种善好是在场的——灵魂占有它，或为它所占有，或不只出于意愿，而在事实和现实中以适当的方式与之结合——在此情况下，认识到这是于己有益的，意志的活动便是快乐；另一方面，如果这种善好不在场，意志的活动伴随着对缺失的认识，因而便是悲伤；同时，认识到获得这种善好将是有益的，意志的活动便是欲望。所有这些构成爱、快乐、悲伤和欲望的意志活动，只要它们是理性思考而非激情，那么即便脱离开身体，它们也能存在于我们的灵魂之中。例如，如果灵魂感知到自然中有众多美妙的事物可以去知晓，那么其意志便必然会受到驱使，热爱有关这些事物的知识，也就是说，认为它们属于自身。并且，如果它意识到自己拥有了这些知识，它便会感到快乐；如果它觉察到自己缺乏这些知识，便会感到悲伤；而如果它认为获得这些知识将是有益的，它便会产生欲望。所有这些灵魂的意志活动中，没有什么东西对它来说是隐晦的，也不存在任何它无法完全觉察到的东西，只要灵魂思索的是自己本身的思想。但当我们的灵魂与身体结合在一起，这种理性的爱通常伴随着另一种爱，可以称其为感官的或感性的爱。这……只不过是一种混乱的思想，由某种神经运动在灵魂中唤起，使得灵魂想要拥有另外一种更加清晰的、构成理性之爱的思想。就像在口渴时，喉咙里的干渴感是一种混乱的思想，使得灵魂想要饮水，而其本身却不同于这一欲望；所以，在爱情中，我们会感到心脏周围有一股神秘的热量，同时肺部充盈着大量血液，让我们张开双臂仿佛要拥抱些什么，而这便驱使着灵魂，有意将呈现在面前的对象与自己结合到一起。

《致夏尼的信》（1647年2月1日）

（AT Ⅳ 601-3；CSMK 306-7）

笛卡尔认为自己的哲学对于人类生活而言具有重要的实践意义。在最后这几段引文中，我们看到，笛卡尔将自己科学研究的成果运用到生理学和心理学方面，构建了一个解决人类弱点这一古老问题的方案。从柏拉图到如今的哲学家都一直困扰于，人类对有价值的生活的追求往往为不受控制的激情本性所左右：来自我们身体本性的冲动似乎总是将我们推向与理性决定相反的方向。为了解决这个问题，笛卡尔基于某种早期版本的刺激—反应理论，提供了一些革命性建议，用来重塑我们的激情。

第一段引文摘录自笛卡尔最后一部著作《灵魂的激情》（Les passions de l'âme，1649 年），笛卡尔在其中将一种训练动物的方法适配到了人类领域。笛卡尔是最早明确预料到我们现在称之为条件反射概念的人之一，他就如何调整身体先天预设的机制使其于我们有益，提出了建议。良好生活需要依靠训练和习惯的想法本身并不新奇。许多世纪以前，亚里士多德就提出过，美德取决于我们是否养成了正确的感觉和行为习惯，取决于我们不仅拥有"正确的理由"，而且还拥有与之匹配的以正确方式感受和行动的根深蒂固的性情。现在，笛卡尔为这个说法增添了行为科学家和生理科学家的视角，他们能够深究我们情感反应模式的身体原因，同时学会控制并"重设"它们。

第二段引文从笛卡尔的自身经验中列举了一件令人印象深刻的事情——出于童年经历，他偏向于受到斜视眼女性的吸引。笛卡尔的方法部分是生理学的：作为感官刺激的结果，大脑中形成了一道"褶皱"（或者如我们现在所说，一条神经通路），使得我们以同样的方式对未来的类似刺激做出反应。笛卡尔随后指出，对原本产生刺激的环境进行探究，能够让我们在某种程度上从因果链条中"后撤"（以某种动物无法做到的方式），思考对未来的反应做出调整的可能性。

经常会有人说（有时还带着责备口吻），笛卡尔认为心灵对主体来说是完全清楚明了的——自从弗洛伊德之后，我们倾向于认为这种假设是想当然，缺乏根据。但实际上，和往常一样，笛卡尔的真实立场比这一速写——在此是对"明晰性"的概述——要微妙得多。正如我们在讨论我思时所见，笛卡尔的沉思者确实对他的思想过程拥有直接且不容置疑的意识：我直接意识到我在思考，并且因此我必然存在，只要我在思考。笛卡尔继而将思想定义为"以我们直接意识到的方式出现在我们内心中的一切"（AT Ⅶ 160；CSM Ⅱ 113）。然而在讨论激情时，正如我们在上述引文中所见，事情就远没有这么清楚明了了。笛卡尔用"斜视眼女孩"的事例引申出了一种令人惊奇的原创见解，在许多方面都可谓是弗洛伊德理论的先声：激情的因果溯源和后续事件与身体活动密切相关，经常使得理性对继之而来的情感所具有的力量认识不清。

p.90

当我们为一种具有潜在破坏性的激情所控制时，对我们造成压倒性威胁的恰恰是如下事实，即我们身上发生着某些事，通过我们的生理构造和心理过往，我们对这些事的来龙去脉即便有所了解，也只能是模糊的。明白了这一点之后，人类首次拥有了能够成功"管理"激情的希望。"一旦我思考[原因]，"笛卡尔谈及自己对斜视眼女性的迷恋时说道，"便不再受其影响了。"

古代斯多葛派作家一直非常关注激情带来的危害，不过他们给出的应对策略十分压抑。斯多葛派的意见是*控制激情*，或者最好是能培养出一种根本不会产生激情的心灵状态，这便是："淡然"（apatheia）的理想——免于激情。事实上，笛卡尔的建议是对于激情我们应该采取一种新的"疗法"。在《灵魂的激情》一书的序言中，他宣称自己作为一名自然哲学家（en physicien）来检视激情——从自然科学家的视角出发。这些研究使得笛卡尔意识到，激情的力量在多大程度上取决于意识临界点之下的因素。

实际上，笛卡尔这位经常被随意指责为抱有幼稚的"心灵明晰性"理论的思想家，在其论述激情的著作中告诉我们，作为具身性生物，我们的情感生活对于有意识的认知来说，远不是直截了当、透彻明了的。对人类本性的正确理解涉及如下认识，即在多大程度上，我们不只是寓居于身体构造中的天使心灵，而是这样一种生物，其最深层的感受与身体结构及其活动密切相关，这些结构和活动却常常不为直接意识所了解。在《灵魂的激情》中，笛卡尔的工作是要提出一种新的伦理学，让我们学着接受有意识心灵面对激情的运作方式时，本质上所具有的模糊性。

笛卡尔把他用在激情上的新方法与对童年早期已然遗忘的事件和前理性的经验如何影响我们情感生活结构的分析联

系到了一起。在上述第三段引文中，笛卡尔在"纯粹知性或理性的爱"和"激情之爱"之间做了重要的区分。前者仅仅是灵魂冷静而自决地想要"结合自己"到某些理性认为是善好的东西中去。这种爱想必是类似天使这样的纯粹理性的存在者会喜欢的，而当人类出于理性且不受干扰地追求这些他们的理性判定是值得获取的善好时，他们也会体会到这种爱。但是，正如经常会发生的那样，当我们受到情感的左右而有所欲求，当我们对某些人或某些事物感到（我们会说）"心烦意乱"，事情就大不相同了。在此种情境中，存在着一种过去业已确立的强有力的身体反应模式；这些模式与我们在没有完全了解其原因的情况下所经历的迫切且通常是混乱的情感有关。在这种情况下，"所涉及的理性思想伴随着仍然与其纠缠不清的我们童年时代的混乱感受"。正如笛卡尔在信的后面所说，对激情的充分说明需要对早期生活进行深入探寻，一路回溯到我们还是怀中婴儿时的经验，"当时我们刚刚踏入尘世"；"正是这个，让我们难以理解爱的本质"（AT Ⅳ 606；CSMK 308）。笛卡尔告诉我们，任何可靠的伦理学都会绕到我们当下情感结构的背后，以期揭示出过往那些往往不为我们所知的事件模式，并赋予它们意义。

人类经常屈从于愤怒和沮丧，因为他们感受到自己的生活受制于各种超出自己控制的力量。笛卡尔关于激情的理论想要就此提出对策，让我们有可能充分了解激情的心理—生理原因。此处的希望在于，我们最终能够达到一种精神上的

p.92

和谐。以笛卡尔对爱的论述为例，他含蓄地表示，两种类型的爱（理性的和感性的）不再需要把我们往相反方向拉扯，只要我们努力去*理解*而非压抑后一种爱。

在先前（1645 年）写给伊丽莎白公主的信中，笛卡尔强调了这种和解的迫切性：

> 激情往往让我们相信，某些事物比它们实际所是的要更好，更值得向往；随后，当我们费尽力气得到了它们，并且在此过程中失去机会拥有其他那些真正的好东西时，对它们的占有带给我们的便是它们的缺陷；由此产生了不满、遗憾和悔恨。所以，理性真正的作用是检验所有东西的恰当价值，而这种价值的获得似乎在某种程度上取决于我们的行为，因此我们总是可以竭尽所能来确保那些事实上更值得向往的东西。（AT IV 284；CSMK 264）

这种说法乍听起来似乎十分唯理主义，就好像笛卡尔回到了斯多葛派之前提出的压抑和回避的方法。但是随着他越来越多地思考和讨论这个问题，笛卡尔越是认为激情不能受到压抑——某些激情是具有积极意义的善好——事实上，这是我们人类最大快乐的唯一的来源。所需要的不过是正确地（从生理上和心理上）理解它们的原因，并且由此找到必要时调整它们的方法，使它们与理性取得和谐。

激情在本质上并不是恶，这也符合笛卡尔关于人类本性的总体理论。灵魂和身体的"实质性结合"构成了人类，为了生存和幸福，这一结合不仅需要理智和意志，还需要各种感官和情感状态（例如饥饿感在我们需要食物时会提示我们）。当胃部空虚，血糖降低，我们会有一种特定的不适感，驱使着我们进食（进而缓解饥饿感），这具有明显的生存性价值；当我把手放到滚烫的炉子上，会感到灼痛，这显然有助于让我在未来避免这种危险性的刺激。如果良好生活是人类所拥有的生活，那么我们就应该欣然接受激情，因为通常而言，它们的运作与人类福祉紧密相关。

"通常而言"这一限定是十分重要的。因为先天生理机制和环境条件反应的运作方式相对固化，我们可能会陷入最终是有害的行为模式。在笛卡尔的事例中，他感到斜视眼女性具有强烈的吸引力，全然不顾她们可能具有的其他好的或坏的特点。处理这种非理性冲动的办法不是去压抑激情，而是利用科学和经验的资源，试着了解导致错误的原因在哪里。唯其如此，我们才能着手尝试重设我们的反应，使得激情引导我们的方向与理性意识到的最佳选择相一致。"那些对各种激情感触最深的人，"笛卡尔在他出版的最后一部著作的结尾处写道，"能够乐享人世间最愉悦人心的快乐。"他在《灵魂的激情》末尾留给读者一幅鼓舞人心的愿景："确实，当他们不知道如何好好利用这些激情，并且时运也与他们作对的时候，他们同样可能经历最深的苦难。但是智慧的首要作用便是教会我们成为自己激情的主人，并用技巧来对它们加以控制，使得激情引起的恶足堪忍受，甚至变成快乐的源头。"（AT XI 488；CSM I 404）

p.94

在结束我们阅读笛卡尔的旅程时，以这样一个和谐乐观的音符来收尾或许是合适的。笛卡尔总是被描绘成一个二元论者，他将心灵与身体割裂开来，留给我们一幅晦暗的画面，人类成了幽灵般的生物，与自身的物质性相隔绝。然而，作为其哲学体系最有价值的成果之一，笛卡尔提出的伦理学归根结底受到了整体性愿景的启发，理性认识和人类激情协同一致，创造出了深具价值的存在。

随之而来的和谐不仅在我们应该如何生活的实践层面产生回响，也在哲学思考是什么这一更加理论化的层面引起了共鸣。笛卡尔的哲学是多维度的，他的哲学体系致力于贯通众多不同领域的思想——科学的、形而上学的以及伦理学的。仅仅出于这一原因，笛卡尔式的统一哲学体系便是对碎片化且专门化的哲学探究方法的宝贵制衡，后者在现代学院化的哲学学科中已然成为典型。如果哲学完全拆散成一系列画地为牢的专业，它必然会失去自身的存在理由——即努力去发现人类思想的众多领域如何相互关联。笛卡尔从未放弃过这一努力，当之无愧地成为世界上最伟大的哲学家之一。

年　表

1596年	3月11日出生于图尔附近的拉海（La Haye，现更名为笛卡尔）。
1607—1615年	进入安茹省的拉弗莱什公学。
1616年	在普瓦捷大学学习法律。
1619年	游历至德国，在11月10日产生了新数学和科学体系的幻象。
1628年	撰写《指导心灵的原则》。移居荷兰，并在此定居，但经常更换住址。
1629年	开始写作《论世界》（Le Monde），关于物理学和宇宙学的论文。
1633年	伽利略遭谴责。停止出版《论世界》。
1637年	出版《谈谈方法》（匿名），包含三篇科学论文，《屈光学》《天象学》《几何学》。
1641年	出版《第一哲学沉思集》，包含《反驳》与《答辩》（著名哲学家和神学家的批评，以及作者的回应）。
1643年	与波希米亚公主伊丽莎白开始长期通信。
1644年	出版《哲学原理》。
1645年	私生女弗朗辛（Francine）出生；孩子在5岁时死于猩红热。
1647年	开始写作《对人体的说明》（Description of the Human Body）。
1649年	应克里斯蒂娜女王的邀请前往瑞典。出版《灵魂的激情》。
1650年	2月11日在斯德哥尔摩去世。

基础材料

Adam C. and Tannery, P. (eds.), *Œuvres de Descartes*, 12 vols, rev. edn. Paris: Vrin/CNRS, 1964-76. The complete works in the original Latin or French. Referred to as **AT**.

Cottingham, J., Stoothoff, R. and Murdoch, D. (eds.), *The Philosophical Writings of Descartes*, vols I and II. Cambridge: Cambridge University Press, 1985. Referred to as **CSM**.

Cottingham, J., Stoothoff, R., Murdoch, D. and Kenny, A. (eds.), *The Philosophical Writings of Descartes*, vol. III, The Correspondence. Cambridge: Cambridge University Press, 1991. Referred to as **CSMK**.

Cottingham, J. (ed.), *Descartes, Meditations on First Philosophy, with Selections from the Objections and Replies*. Cambridge: Cambridge University Press, rev. ed. 1996. The pagination of text of the Meditations in this volume is identical with that in CSM II.

论文集

Cottingham, J. (ed.), *The Cambridge Companion to Descartes*. Cambridge: Cambridge University Press, 1992.

Cottingham, J. (ed.), *Reason, Will, and Sensation: Studies in Descartes's Metaphysics*. Oxford: Clarendon, 1994.

Cottingham, J. (ed.), *Descartes. Oxford Readings in Philosophy Series*. Oxford: Oxford University Press, 1998.

Doney, W. (ed.), *Descartes: A Collection of Critical Essays*. Garden City, NY: Doubleday, 1967.

Hooker, M. (ed.), *Descartes: Critical and Interpretive Essays*. Baltimore: Johns Hopkins University Press, 1978.

Moyal, G., *Descartes: Critical Assessments*, 4 vols. New York: Routledge, 1991.

Rorty, A. O. (ed.), *Essays on Descartes' Meditations*. Berkeley: University of California Press, 1986.

Voss, S. (ed.), *Essays on the Philosophy and Science of René Descartes*. Oxford: Oxford University Press, 1992.

综合材料

Cottingham,J., *Descartes*. Oxford: Blackwell, 1986.

Cottingham,J., *The Rationalists*. Oxford: Oxford University Press, 1988.

Cottingham,J., *A Descartes Dictionary*. Oxford: Blackwell, 1993.

Gaukroger, S., *Descartes: An Intellectual Biography*. Oxford: Clarendon, 1995.

Grene, M., *Descartes*. Brighton: Harvester, 1985.

Kenny,A., *Descartes*. New York: Random House, 1968.

Loeb, L., *From Descartes to Hume: Continental Metaphysics and the Development of Modern Philosophy*. Ithaca, NY: Cornell University Press, 1981.

Rodis-Lewis, G., *Descartes*. Paris: Libraire Générale Française, 1984.

Smith, N. Kemp, *New Studies in the Philosophy of Descartes*, London: Macmillan, 1966.

Williams, B., *Descartes: The Project of Pure Enquiry*. Harmondsworth: Penguin, 1978.

Wilson, M. D., *Descartes*. London: Routledge, 1966.

相关研究

Clarke, D., *Descartes' Philosophy of Science*. Manchester: Manchester University Press, 1982.

Cottingham, J., A Brute to the Brutes? Descartes' Treatment of Animals. *In René Descartes, Critical Assessments*, ed. G. Moyal. London: Routledge, 1991, vol. IV; and in Descartes. Oxford Readings in Philosophy Series, ed. J. Cottingham.

Cottingham,J., *Philosophy and the Good Life: Reason and the Passions in Greek, Cartesian and Psychoanalytic Ethics*. Cambridge: Cambridge University Press, 1997, Ch. 3.

Doney, W. (ed.), *Eternal Truths and the Cartesian Circle*. New York: Garland, 1987.

Frankfurt, H.G., *Demons, Dreamers and Madmen*. Indianapolis: Bobbs Merrill, 1970.

Garber, D., *Descartes' Metaphysical Physics*. Chicago: University of Chicago

Press, 1992.

Gaukroger, S., *Cartesian Logic*. Oxford: Clarendon, 1989.

Hintikka, J. Cogito ergo sum: Inference or Performance. In *Eternal Truths and the Cartesian Circle*, ed. W. Doney. New York: Garland, 1987.

John Paul II, *Memory and Identity*. London: Orion, 2005.

Jolley, N., *The Light of the Soul: Theories of Ideas in Leibniz, Malebranche and Descartes*. Oxford: Oxford University Press, 1990.

Markie, P., *Descartes's Gambit*. Ithaca, NY: Cornell University Press, 1986.

Menn, S., *Descartes and Augustine*. Cambridge: Cambridge University Press, 1998.

Putnam, H., The Nature of Mental States. In *Mind, Language and Reality: Philosophical Papers*, vol. II. Cambridge: Cambridge University Press, 1975.

Ryle, G., *The Concept of Mind*. London: Hutchinson, 1949.

Shea, W.M., *The Magic of Numbers in Motion: The Scientific Career of René Descartes*. Canton, MA: Science History Publications, 1991.

索　引
（原书页码）

按顺序

图书在版编目（CIP）数据

如何阅读笛卡尔 /（英）约翰·科廷汉
（John Cottingham）著；王寅军译. -- 重庆：重庆大
学出版社，2024.2
（大家读经典）
书名原文：How to Read Descartes
ISBN 978-7-5689-4296-6

Ⅰ. ①如… Ⅱ. ①约… ②王… Ⅲ. ①笛卡尔
（Descartes, Rene 1596–1650）—哲学思想—研究 Ⅳ.
①B565.21

中国国家版本馆CIP数据核字（2023）第236080号

如何阅读笛卡尔
RUHE YUEDU DIKAER

[英]约翰·科廷汉（John Cottingham）　著
王寅军　译

策划编辑：姚　颖
责任编辑：姚　颖
责任校对：王　倩
装帧设计：Moo Design
责任印制：张　策

重庆大学出版社出版发行
出版人：陈晓阳
社址：（401331）重庆市沙坪坝区大学城西路21号
网址：http://www.cqup.com.cn
印刷：重庆市正前方彩色印刷有限公司

开本：890mm×1240mm　1/32　印张：6.5　字数：133千
2024年2月第1版　　2024年2月第1次印刷
ISBN 978-7-5689-4296-6　定价：52.00元

版贸核渝字（2021）第099号